U0962443

丛书主编

王大明　　刘　兵　　李　斌

编委会成员

（按姓氏音序排列）

陈印政	柯遵科	李　斌
李思琪	刘　兵	刘思扬
曲德腾	施光玮	孙丽伟
万兆元	王　静	王大明
吴培熠	杨　枭	杨可鑫
云　霞	张桂枝	张前进

科学殿堂有巾帼

古今杰出女科学家

施光玮　李　斌　编

中原出版传媒集团
中原传媒股份公司

大象出版社
·郑州·

图书在版编目(CIP)数据

科学殿堂有巾帼：古今杰出女科学家／施光玮，李斌编. — 郑州：大象出版社，2022. 7
(中外科学家传记丛书／王大明，刘兵，李斌主编)
ISBN 978-7-5711-1477-0

Ⅰ. ①科… Ⅱ. ①施… ②李… Ⅲ. ①女性-科学家-列传-世界 Ⅳ. ①K816. 1

中国版本图书馆 CIP 数据核字(2022)第 097112 号

中外科学家传记丛书

科学殿堂有巾帼 古今杰出女科学家

KEXUE DIANTANG YOU JINGUO GUJIN JIECHU NÜKEXUEJIA

施光玮 李 斌 编

出 版 人 汪林中
项目策划 李光洁
项目统筹 成 艳 陶 慧
责任编辑 董翠华
责任校对 安德华
装帧设计 王莉娟

出版发行 大象出版社(郑州市郑东新区祥盛街 27 号 邮政编码 450016)
发行科 0371-63863551 总编室 0371-65597936
网 址 www.daxiang.cn
印 刷 河南瑞之光印刷股份有限公司
经 销 各地新华书店经销
开 本 890 mm×1240 mm 1/32
印 张 5.25
字 数 110 千字
版 次 2022 年 7 月第 1 版 2022 年 7 月第 1 次印刷
定 价 21.00 元
若发现印、装质量问题，影响阅读，请与承印厂联系调换。
印厂地址 武陟县产业集聚区东区(詹店镇)泰安路与昌平路交叉口
邮政编码 454950 电话 0371-63956290

总　序

马克思和恩格斯合写于19世纪40年代的《共产党宣言》中，曾有这样一段生动的描述："自然力的征服，机器的采用，化学在工业和农业中的应用，轮船的行驶，铁路的通行，电报的使用，整个整个大陆的开垦，河川的通航，仿佛用法术从地下呼唤出来的大量人口——过去哪一个世纪料想到在社会劳动里蕴藏有这样的生产力呢？"马克思和恩格斯说的那一切，还不过是19世纪的景况。到了21世纪的今天，随着核能、电子、生物、信息、人工智能等各种前人闻所未闻的科学技术的飞速发展，人类社会面貌进一步发生了翻天覆地的甚至马克思那个年代都无法想象的巨变。造成所有这一切改变的最根本原因，毫无疑问，就是科学技术。而几百年来，推动科学技术发展的直接力量，就是一大批科学家和技术专家。

中国是这几百年来世界科学技术革命和现代化的后知后觉者，从16世纪末期最初接触近代自然科学又浅尝辄止，到19世纪中期晚清时代坚船利炮威胁下的西学东渐，再到20世纪初期对"德先生"和"赛先生"的热切呼唤，经过几百年的尝试，特别是近几十年的努力，已逐渐赶上世界发展的潮流，甚至最近还有后来者居上的势头。例如，中国目前不但在经济总量上居于世界第二的地位，而且在科学研究的多个前沿领域也已经名列国际前茅；有些方面，比如科学论文的数量，仅次于美国而居世界第二；最可贵的是，中国已经形成了一支人数众多、质量上乘的科研队伍。

利用科学技术来推动社会经济的发展，中国已经尝到了巨大甜头，科学技术是第一生产力的观点深入人心。从政府到民间，大家普遍关心如何进一步落实科教兴国战略、推动创新促进发展，使中国在科技创新方面更具竞争优势，培养和造就出更多的科技创新人才，使中国在现代化道路上能走得更长远、更健康。

为实现上述目标，一方面需要提高专业科学研究队伍的水平，发扬理性思考、刻苦钻研、求真求实、勇于创新的科学精神；另一方面也需要增强和培育整个社会的公众科学素养，造就学科学、爱科学，支持创新、尊重人才的文化氛围。这套“中外科学家传记丛书”的编辑和出版，就是出于这样的考虑。

通过阅读和学习科学家传记，一是可以更深刻地理解科学家们特别是那些在重大历史转折关头做出了伟大贡献的科学家的科学思想和创新方法，二是可以更鲜活地了解到科学家们的科学精神和品格作风，三是可以从科学家们的各种成长经历中得到启发。

本丛书所收录的200多位中外著名科学家（个别其他学者）的传记，全部都来自中国科学院1979年创刊的《自然辩证法通讯》杂志。该杂志从创刊伊始就设立了一个科学家人物评传的固定栏目，迄今已逾四十年，先后刊登了200多篇古今中外科学家的传记，其中包括文艺复兴时期的欧洲科学家、远渡重洋将最初的西方近代科学知识带到中国的欧洲传教士，当然大部分都是现代科学家，例如数学领域的希尔伯特、哈代、陈省身、吴文俊等，物理学领域的玻尔、普朗克、薛定谔、海森伯、钱三强、束星北、王淦昌等，以及天文学、地学、生物学、计算机科学和若干工程领域的科学家。值得指出的是，这些传记文章的作者，大都是在相关领域学有专长的专家学者。例如：写过多篇数学家传记的胡作玄先生，是中国科学院原系统科学研究所的研究员；写过多篇物理学家传记的戈革先生，是中国石油大学的物理学教授；此外还有北京大学、清华大学、上海交通大学、中国科技大学等多所国内著名大学的教授，以及中国科学院、中国医学科学院和中国科技协会等研究机构的专家。所以，这些传记文章从专业和普及两个角度看，其数量之多、涉及领域之广、内容质量之上乘、可读性之强，在国内的中外科学家群体传记中都可以说是无出其右者。

考虑到读者对象的广泛性，本丛书对原刊物传记文章进行了重新整理编辑，主要集中在如下几个方面：一是在总体设计上，丛书共分 30 册，每册收录 8 个人物传记；二是基本按照学科领域来划分各个分册；三是每分册中的人物大致参考历史顺序或学术地位来编排；四是为照顾阅读的连续性，将原刊物文章中的所有参考资料一律转移到每分册的最后，并增加人名对照表。

当前，中国正处在从制造大国向创造大国转变、急需更多科技创新和科技人才的重要历史时刻，希望本丛书的出版对于实现这个伟大目标有所裨益，也希望对广大青少年和其他读者的学习生活有所帮助。

目 录

希帕蒂亚

人类历史上最早的女科学家

希帕蒂亚

（Hypatia，370—415）

欧几里得的名字几乎是家喻户晓，他的名著《几何原本》流传两千多年，直到今天，各国中学的几何课本还是以它为基础的。该书已用各种文字印了1000版以上，除《圣经》以外，大概没有任何一种书拥有如此多的读者。可是，若问希帕蒂亚与《几何原本》有什么关系，就很少有人能回答了。其实，《几何原本》之所以能广泛流传，是与希帕蒂亚的辛勤工作分不开的。她与父亲共同修订的《几何原本》，成为所有现代版本的基础。不仅如此，她还是人类历史上最早的女科学家，在数学、天文、物理以及哲学方面，都做出令人瞩目的贡献。

一、少年时代

希帕蒂亚生于公元370年的亚历山大，亚历山大是罗马帝国的一个重要城市。早在公元325年左右，罗马帝国的君士坦丁大帝便开始用宗教作为统治的工具，逐渐把哲学、政治、法学，以及科技、教育都置于基督神学的控制之下。希帕蒂亚出生的时候，亚历山大的知识分子正生活在危难之中。基督教已成为摧残科学的工具，狂热的宗教徒把数学和其他自然科学看作异教。有人甚至说："数学家应该被野兽撕碎或者活埋。"他们认为，世界上只有《圣经》最神圣，而且里面有取之不尽的知识，研究与《圣经》无关的学问都是异教。这是一个科学开始衰退、黑暗即将降临的时代。古希腊人早已认识到地球是球形，而当时的教父们却宣称大地是平的，宇宙像帐篷一样罩在大地之上。在残酷的宗教斗争中，基督教的势力在亚历山大迅速扩展，这对于那些一心从事科学研究的人是十分不利的。

希帕蒂亚的父亲赛翁是一位数学家和天文学家，在著名的亚历山大博物院工作，那是一个传授和研究高深学问的场所，赛翁经常在院里演讲。这个博物院有着悠久的历史，它始建于公元前 290 年左右。博物院内有当时世界上最大的图书馆，藏书多达 750000 卷。那时的书和现在不同，是把字写在经过加工的纸草[1]上，然后再装订成册。图书馆旁有一个研究院，研究院相当于现在的大学，欧几里得、阿基米德等大科学家都曾在研究院传徒授业，研究学问。博物院里有陈列着古希腊文艺珍品的画廊和雕塑大厅，还有供生物学家研究和大家观赏的动物园、植物园。

公元前 47 年，罗马帝国的皇帝凯撒派兵焚毁停泊在亚历山大港口的埃及舰队，大火蔓延到市区，烧毁了博物院内的不少图书。公元前 30 年，凯撒占领埃及，亚历山大落入罗马人之手。但希腊文化的传统没有被破坏，学者可以继续研究。尽管没有“黄金时代”（公元前 300 年—前 200 年）那种磅礴的气势，还是出现了希腊数学的“白银时代”（250 年—350 年），代表人物是亚历山大的丢番图和帕波斯。丢番图的代数学在古希腊数学中独树一帜，而帕波斯的数学研究是对几百年来前人成果的总结。赛翁生活的时代，希腊数学已

1　纸草是尼罗河下游的一种植物，古人把它的茎剖成薄片，压平后用来写字。

成强弩之末，博物院也趋于衰落了。用“荒凉”一词来形容当时的博物院，是很恰当的。392 年，罗马皇帝狄奥多西下令拆毁希腊神庙，包括有一个大图书馆在内的著名的塞拉庇斯神庙被毁，藏书几乎全部散失，庙宇被改为基督教的修道院。其他各地的神庙也都遭此厄运。大批希腊学者被基督教徒斥为异教徒，生活不得安宁，甚至有生命之危，不得不逃离亚历山大。赛翁还是勤勤恳恳地在博物院工作，并尽量避开宗教斗争。

那时的知识界和政界都是排斥妇女的，但赛翁却是一个思想解放的学者，他不遗余力地培养希帕蒂亚这个极有天赋的女儿，鼓励她做一番大事业，成为一个完美的、不亚于男人的学者。实际上，希帕蒂亚成年后做的事情，以前的妇女从未做过，甚至连在梦中都不曾想过。

希帕蒂亚是一个非凡的女子。她不仅容貌美丽，而且聪明好学，谦虚而有胆识。童年时代，她就显出超人的才智。10 岁左右，她已从父亲那里学到了相当丰富的算术和几何知识。她对相似三角形的性质特别感兴趣，因为利用这些知识，可以算得人无法到达的物体的高度或长度。在父亲的启发下，她懂得了如何利用金字塔的影长和相似三角形知识来求金字塔的高度。

随着年龄的增长，希帕蒂亚的兴趣越来越广泛。她不仅喜欢数学、天文和物理，而且喜欢讨论那些与科学有关的哲学问题。在 17 岁的时候，她参加了关于芝诺悖论的辩论。芝诺是公元前 5 世纪的希腊哲学家，他曾提出四个关于运动的著名悖论。其中一个是“阿基里斯追龟说”，阿基里斯是传说中的长跑健将。这个悖论的大意是：跑得最快的人永远追不上跑得最慢的人。由于这个结论显然不符合实际，一些不爱思考的同伴便以为不值一驳。但希帕蒂亚认为芝诺的悖论发人深省，不能因为它错得太显然就不去追究错的原因。芝诺的推理是这样的：乌龟从起点 A 出发，爬过一段距离到达 B。然后，阿基里斯才跑离 A 点去追赶乌龟。当阿基里斯到达 B 时，乌龟已向前爬了一小段，到达 C。待阿基里斯跑到 C 时，乌龟已爬到 D……这样，乌龟总在阿基里斯前面。希帕蒂亚指出：芝诺的推理包含了一个不切实际的假定，他限制了赛跑的时间。希帕蒂亚的这一思想源于亚里士多德，她读过亚里士多德的哲学著作，知道这位大哲学家对芝诺悖论的评论。我们假设阿基里斯一秒钟跑 10 米，乌龟一秒钟爬 0.1 米，再假设先让乌龟爬出 99 米，那么，通过简单的计算可以知道，阿基里斯只要花 10 秒钟就能追上乌龟。而芝诺设计的方案，是不让阿基里斯跑够 10 秒的。

在父亲的教育下，希帕蒂亚很快成为一位有独立思想、学识渊博的人。20 岁以前，她读完了几乎所有大数学家的名著，包括欧几里得的《几何原本》、阿波罗尼奥斯的《圆锥曲线论》、阿基米德的《论球和圆柱》、丢番图的《算术》等等。这位年轻的姑娘，其数学水平已经和父亲差不多了。她凭自己杰出的数学才能和毅力，同父亲合作完成了对《几何原本》的修订和评注工作。希帕蒂亚时代离《几何原本》成书已经六七百年了。当时没有印刷术，这本著作抄来抄去，各种抄本差别很大，有不少错误。希帕蒂亚同父亲一起，搜集了能够找到的各种版本，认真比较，去伪存真，并写了许多评注。经父女二人的修订，书中几乎没有任何差错了。他们还对该书的文字进行了润色和加工，使之更适合读者阅读。他们的评注对读者理解欧几里得的思想有很大帮助。这个修订本问世后，立即受到广泛欢迎，学术界公认这是最好的版本，大家争相传抄，而不大理睬其他的版本了。史书上称其为“赛翁版”，它是当今各种文字的《几何原本》的始祖。

除数学以外，希帕蒂亚还读了不少希腊哲学家的著作。哲学家们在讨论世界是什么样子，是由什么构成的，社会发展的动力是什么，人的知识是从哪里来的，人应该怎样活着，……这些问题都引起了希帕蒂亚的浓厚兴趣。她特别推崇大哲学家柏拉图的思想，柏拉图哲学强调“理性”，尤其是数学的“理性”，认为“感性”和“直观”是靠不住的。希帕蒂亚常常与其他学者一起讨论哲学问题，她在那些老资格的学者面前，一点也不胆怯，大展雄辩之才。赛翁骄傲地称希帕蒂亚是他的“哲学家女儿”。

二、出海求学

希帕蒂亚已经 20 岁了，父亲的知识和亚历山大的藏书满足不了她日益增长的求知欲，她要出海求学了。390 年的一天，她乘坐的一艘巨大的商船从亚历山大港起锚，驶向地中海北岸的雅典，这是一个著名的希腊城市。她去雅典的目的，是进一步扩大自己的知识领域，接受世界上第一流的学术成果。

希帕蒂亚知道，这是一次难得的学习机会。但慈父已不在身边，一切都要自己作主。前面会遇到什么样的坎坷呢？她不得而知。回首往事，她思绪万千。在父亲的教导下，她学会了搏击海浪，熟悉了纵马疾驰，掌握了丰富的知识，养成了良好的品德。她默默地回忆着父亲的教导：绝不要让顽固的信念妨碍自己去接受真理。父亲还告诉她："宗教是虚妄的，有自尊心的人绝不要把它当作终极的信条。"希帕蒂亚终身不信教，显然是受了父亲的影响。她的这种思想使她能在探讨科学的道路上轻装前进，但在当时的社会环境中，也为自己的不幸结局埋下了祸根。

基督教本来是奴隶和平民的宗教，表现出对奴隶制的不满。教徒们相信世界是上帝创造的，上帝的儿子便是拯救人类的基督。公元 3 世纪，罗马帝国的统治者为了维护自己的统治，开始利用基督教来麻痹人民，宣扬今生要忍耐、顺从，以便来世享福或者死后升入天堂。基督教逐渐被有钱有势的人所控制，他们在社会各阶层发展教徒。罗马皇帝君士坦丁授予基督教会一系列特权，如教士可以免除城市徭役，可以免税。他本人还拿出一部分财产捐赠给教会，并在晚年接受基督教的洗礼而入了教。4 世纪末，罗马帝国将基督教定为国教，排斥一切相信希腊宗教或其他宗教的人，如果这些人不放弃自己的信仰，就会被斥为"异教徒"，遭受迫害。他们甚至把那些不信教的人也当作"异教徒"。

希帕蒂亚对基督教的思想束缚十分厌恶。她要自由地思想和生活，要毫无拘束地发挥自己的才能。

希帕蒂亚在雅典受到热烈欢迎，因为她的名字早已由那些去亚历山大访问的学者带到了雅典。她在雅典住下后，当地的名流、学者不断来拜访她，真是门庭若市。有人向她请教数学，有人同她讨论哲理。她性格开朗，举止大方，她的智慧和美貌给每个见到她的人留下深刻印象。她在小普鲁塔克当院长的学院里学习历史和哲学，精读了古今各派的哲学名著。同时她还抓紧时间，继续钻研数学。

当时，雅典的数学已经落后，许多学数学的人读不懂希腊数学的经典著作。而希帕蒂亚早就读懂了，并有不少独到见解。她对数学的精通，尤其是对欧几里得几何的精辟见解，令雅典的学者钦佩不已，大家都把这位二十出头的姑娘当作了不起的数学家。在和她交往的过程中，一些英俊少年不由得对她产生爱慕之情，求婚者络绎不绝。但希帕蒂亚认为，现在正是自己钻研学问的黄金时代，她要干一番大事业，不想让爱情和婚姻过早地进入自己的生活。再说，她的择偶标准是很高的。美男子和富家子弟固然不少，但她更看重才学。在这方面，她没发现一个满意的。因此，她拒绝了所有的求爱者。

三、多才多艺的科学家

希帕蒂亚在雅典求学之后，又去意大利访问，约在 395 年回到家乡。这时的希帕蒂亚，已经是一位相当成熟的科学家了。她在亚历山大一边传徒授业，一边从事科学研究，并对科学做出多方面的贡献。她是有历史记载的第一位女科学家，她的工作推动了数学、天文、物理等各学科的发展。

除与父亲合作完成对《几何原本》的修订外，希帕蒂亚又独立写了一本《丢番图〈算术〉评注》，这是一项富有成效的工作。丢番图生活在 3 世纪的亚历山大，被称为“代数之父”。他的《算术》

实际是一本代数问题集，包括 50 多种类型，共 189 个代数问题，都可用方程求解。其中的不定方程最为著名，被称作“丢番图方程”。实际上，不定方程便是未知数个数超过方程个数的方程（组），因为方程的解不确定，所以叫不定方程。一个方程含两个未知数，或两个方程含三个未知数，都是不定方程。如果不加限制，这种方程有无穷多组解。例如，对方程 $2x+3y=10$，只要给定一个 x 值，就可得到一个对应的 y 值。《算术》中一个最简单的不定方程问题是：将平方数 16 写成两个数的平方和。列出的方程应是 $x^2+y^2=16$。在正有理数范围内，丢番图给出的解是 $\left(\frac{16}{5},\frac{12}{5}\right)$。在正整数范围内，此方程无解。

丢番图解题的技巧非常高超，有些方程很难懂。希帕蒂亚为了帮助学生理解丢番图的数学思想及方法，对他的《算术》进行了详细的评注。这实际是一本教科书，书中有她自己的不少新见解，并补充了一些新问题。有的评注写得很长，可以看作论文。她的评注促进了古希腊代数学的传播与发展。

希帕蒂亚还评注过阿波罗尼奥斯的《圆锥曲线论》（8 卷本），并在此基础上写出适于教学的普及读本。阿波罗尼奥斯是 3 世纪的亚历山大几何学家，是用平面截圆锥所得截线来解释圆锥曲线的始祖。像她的希腊祖先一样，希帕蒂亚对圆锥曲线很入迷，写过好几篇研究圆锥曲线的论文。但在她死后，人们却把这种曲线忽略了。一直到 17 世纪，科学家们认识到更多自然现象，如行星运行轨道，以圆锥曲线描述最为合理，于是重新激起研究圆锥曲线的热情。

丢番图的《算术》和阿波罗尼奥斯的《圆锥曲线论》是流传至今的两部非常重要的古希腊数学著作。希帕蒂亚的评注也随这两部书流传下来，使我们得以窥见这位女数学家的智慧。

天文学方面，希帕蒂亚写过研究托勒密的著作。托勒密是公元2世纪的希腊天文学家，他在一部13卷的教科书中，把那个时代的数学及天文知识系统化，取名为《数学书》。中世纪的阿拉伯学者重新为它命名，叫《天文学大成》。书中包含大量的天文观测、理论成果以及丰富的三角知识。托勒密是地心说的创始人，认为地球处于宇宙的中心，日、月、星辰都环绕地球而运行。直到16世纪哥白尼的《天体运行论》问世之前，托勒密的体系一直在天文界居主导地位。虽然它比不上哥白尼的日心说，但在进行天文计算及预测方面，还是相当有效的。希帕蒂亚和父亲合写了《天文学大成评注》。其中第3卷的评注是希帕蒂亚独立完成的，赛翁曾指明这一点。她还协助父亲，为托勒密的另一部著作《实用天文表》写了评注。该书包含许多经过实测的天文数据及重要的计算结果，是天文工作者可以随时查阅的手册，所以也被译作《天文手册》。他们的评注很详细，深入浅出，不仅便于教学，也可用来自学，对天文知识的普及起了很大作用。

在托勒密工作的基础上，希帕蒂亚写了一本名为《天文准则》的书，里面有若干反映天体运动的数表。该书已失传，少量内容保留在《天文学大成评注》中。

希帕蒂亚不仅从事天文学理论的研究，还亲自设计和制造天文仪器。最著名的是一种“星盘”，它是借助投影原理制成的，可以用来测量恒星的位置，还能推算时间。可惜流传下来的资料太少，无法复制。下图只能约略反映星盘的形状。

星盘示意图

希帕蒂亚对物理也很感兴趣，她曾设计过“滴漏”，这是一种利用匀速滴水来计时的工具，是古代的钟表。至于靠齿轮传动的机械钟，是很久以后才发明的。她还设计了测量液体比重的仪器、提取蒸馏水的装置以及测定物体水平的水平仪。这些器具的实用价值很大，各地工匠争相仿造，在人们的生产和生活中发挥了重要作用。

当时的科学与哲学是密不可分的，希帕蒂亚便是一位科学家兼哲学家。她在雅典的学院里学过普罗提诺的新柏拉图主义，这一哲学流派将柏拉图学说与毕达哥拉斯、亚里士多德学说综合在一起，核心内容是物质的统一性与等级结构学说，具有明显的数学基础。当时的雅典学者强调这种哲学的神秘性和排他性。希帕蒂亚接受了新柏拉图主义的基本思想，但她不追求神秘性，也不排斥其他哲学流派。她赞成一种宽容的新柏拉图主义，主张把哲学用于科学，在与其他流派并存的自由气氛中发展自己的哲学体系。她的哲学观点受到广泛的欢迎，新柏拉图主义在亚历山大迅速传播。正如当时的一位哲学家所说：“哲学已经离开了雅典，由于希帕蒂亚的辛勤培植而在亚历山大昌盛起来。”

四、她领导一个学派

希帕蒂亚从海外归来后，便成为亚历山大博物院里的教师，主讲数学和哲学，有时也讲授天文学和力学。博物院此时已失去它往日的辉煌，基督教逐渐渗入到博物院，教徒的活动多了起来。但希帕蒂亚仍大胆地宣讲科学和哲学，阐述柏拉图、亚里士多德和其他著名哲学家的思想。许多青年从四面八方聚到亚历山大，拜她为师。她不仅学识渊博，而且循循善诱，讲话如行云流水，引人入胜。从欧洲、亚洲、非洲来的学生都喜欢听她讲课。几年以后，她便成为亚历山大最引人注目的学者了。教学之余，她经常与各地学者讨论科学或哲学问题，她的家成了学者聚会的中心。

希帕蒂亚在亚历山大积极传播新柏拉图主义，强调哲学与科学，尤其是哲学与数学的结合。她崇尚自由、民主，反对宗教束缚和专制。她的学生越来越多，约公元 400 年，她便成了亚历山大的新柏拉图学派的领袖。她常常披一件古代哲学家喜爱的斗篷，在市中心的广场上发表演讲，展开哲学问题的辩论。她的博学、雄辩及平等态度，吸引了无数的听众。她从不因自己是女人而在男性学者面前退缩，也从不因自己的名望而在后生面前摆架子。她的人格受到广泛赞誉，在当时的学者圈中，没有第二位妇女能与她媲美。演讲完毕，她的身边还常常簇拥着她的学生和崇拜者，她与这些听众边走边谈，气氛宽松而热烈。许多从海外来求学的青年，都以能聆听这位女科学家的教诲为荣幸。

希帕蒂亚太热衷于自己的事业了，她全身心地投入科学与哲学活动，以致很少考虑个人问题。她终身未婚，始终是一位充满活力和感染力的学者。

希帕蒂亚的精彩演讲吸引了城里的许多官员，她的听众甚至包括亚历山大市长奥雷斯特斯。市长钦佩希帕蒂亚的学识与为人，经常向她请教。在哲学和政治方面，两人有许多共同语言，逐渐成为莫逆之交。奥雷斯特斯常常乘着华丽的马车来拜访希帕蒂亚，询问她对各种事物的见解，希帕蒂亚也试图以自己的思想影响奥雷斯特斯的施政纲领。她不会料到，正是她与政界要人的交往，引发了一场悲剧，而她自己则是这场悲剧的主角。

虽然当时的基督教与科学的对立日益明显，希帕蒂亚的学生中还是有一些基督教徒。其中最著名的是来自昔兰尼（今属利比亚）的西奈修斯，他后来成为托勒密城的主教，也是一位哲学家。保存至今的西奈修斯的信中有七封是写给希帕蒂亚的。在一封信中，他向希帕蒂亚请教如何制作星盘和滴漏。在另一封信中，他热情赞扬希帕蒂亚的演讲以及她和学生之间的亲密关系，说她不仅是一位老师，而且像一位慈爱的母亲和善解人意的姐姐。他说希帕蒂亚是他终身不忘的恩人，因为她教给了自己如何做人。他在信中请求希帕蒂亚把她设计、制造的液体比重计寄来，以便他研究、仿制。他还提到在他设计的天文仪器中用到希帕蒂亚的成果，并向老师表示谢意。

希帕蒂亚与某些基督徒的友好关系并没有改善教会对她的态度。恰恰相反，教会为自己的教徒被一个不信教的科学家吸引而十分恼火。希帕蒂亚笃信理性是真知的源泉，认为科学高于宗教，并提倡思想自由。这一切，都被基督教视为异端邪说。尽管希帕蒂亚不信任何宗教，但教会还是把她攻击为“异教徒”。在当时，这是一顶非常吓人的帽子。按照他们的逻辑，不信基督教的人必信“异教”，因此为基督教所不容。在这个基督教势力猖獗的城市，希帕蒂亚发现自己处于十分危险的境地。但她相信邪不压正。她想："我不信基督教，但并没有反对教会，难道他们会加害于我吗？”她认为，即使基督徒中有个别歹徒，他们也不敢下手，因为她会得到市长的保护。所以，她以坦荡的胸怀和无畏的精神面对一切。对那些找她麻烦的基督徒，她毫不退让，教徒们常被她驳得哑口无言。但这不是一个崇尚理性的社会。那些狂热的基督徒并不指望“说服”这位哲学家，只想有朝一日拔掉这颗眼中钉。善良的希帕蒂亚不会想到，她即将成为一场政治斗争的牺牲品！

五、虽死犹生

412 年，来自耶路撒冷的西里尔当上了亚历山大的大主教，这是一个狂热的基督徒。按当时法令，一个地区的主教与行政长官的权力是平行的。但实际上，由于基督教势力的增长，主教的权力往往超过行政长官。西里尔也企图攫取亚历山大的最高权力，而奥雷斯特斯并不轻易放权。于是两人之间的矛盾日益加剧，成为政敌。因为希帕蒂亚与奥雷斯特斯关系密切，所以西里尔也对她怀有敌意。她那种崇尚自由的态度，进一步加深了教会对她的仇视情绪。西里尔当上大主教后不久，便在全城推行所谓反对“异教”和“邪说”的计划，新柏拉图主义也在“邪说”之列，这对希帕蒂亚是极为不利的。

为了维护自己的权力，奥雷斯特斯决心打击西里尔的气焰。他逮捕了西里尔的一个追随者并公开拷问，一些犹太人指控西里尔鼓吹邪教。西里尔立刻进行报复，挑起了一场基督徒与犹太人的冲突，结果，一个基督徒在冲突中被打死了。西里尔恼羞成怒，令基督徒占领了犹太教堂，把数以千计的犹太人从城中赶走。然后，他不顾奥雷斯特斯的强烈反对，把注意力转向清除城里的新柏拉图主义者。为了希帕蒂亚的安全，奥雷斯特斯劝她向基督教让步，但她拒绝放弃她的哲学主张，坚持宣传科学，提倡思想自由。她不向基督教示弱，也不主张采取暴力行动。她认为，主教和市长的矛盾应该和平解决，不同的观点应该在平等的基础上自由竞争。

奥雷斯特斯感到自己已无力制止西里尔对犹太人和新柏拉图学派的迫害，于是上诉罗马皇帝。几乎同时，西里尔也上诉罗马皇帝，指责奥雷斯特斯反对基督教会，迫害基督教徒。西里尔是以教会名义上诉的，但奥雷斯特斯无动于衷。于是，西里尔纠集了约 500 名教徒，他们包围了奥雷斯特斯，群起而攻之，指控他犯下“异教徒”的罪行。尽管奥雷斯特斯声明他也是基督徒，曾在君士坦丁堡（即拜占庭，君士坦丁迁都此城后改名）受过基督教洗礼，但他们毫不理睬。其中一个叫安蒙纽斯的，抄起一块石头向奥雷斯特斯砸去，打得他头破血流。愤怒的人群抓住安蒙纽斯，把他打死了。

安蒙纽斯的死引发了希帕蒂亚此后的悲惨命运。西里尔决心进一步削弱奥雷斯特斯的力量，他的下一个打击目标便是希帕蒂亚。

415年春，一个谣言在亚历山大的基督徒中迅速传开，说希帕蒂亚是使奥雷斯特斯与西里尔结仇的邪恶分子，只有把她除掉，才能缓和行政长官和主教之间的紧张关系。希帕蒂亚感到这是不祥之兆，她知道，她对科学和自由的宣传在基督徒中产生了巨大影响，妨碍了西里尔的计划，这个残忍的主教不会放过她。但希帕蒂亚并没有在压力面前退缩，她继续去博物院讲课，传播她的思想。她想：谣言毕竟是谣言，自己从来没有挑拨市长和主教的关系。恰恰相反，她曾不止一次地劝奥雷斯特斯尽量克制，避免矛盾激化。她一直主张在合法的范围内解决分歧。但事与愿违，她的朋友和朋友的政敌彼此采取了暴力，结果把她卷了进来。她以仁爱之心待人，别人却以险恶之心回报。她一心考虑如何传播科学，她的对手却在盘算着如何除掉她。西里尔的信徒已探好希帕蒂亚从博物院回家的路线。415年3月的一天，他们埋伏在她必经的凯撒瑞姆教堂旁边。毫无思想准备的希帕蒂亚乘马车过来了，这群暴徒立刻冲过去，拦住马车。他们把她从车上拉下来，迅速拖进教堂。希帕蒂亚知道，他们要对自己下毒手了，但她面无惧色，怒斥他们的无耻行径。灭绝人性的暴徒剥光她的衣服，用锐利的贝壳割她的皮肉，直割得她全身血肉模糊，奄奄一息，然后砍去她的手脚，扔到火堆里活活烧死！直到尸体化成灰烬，暴徒们才扬长而去。

希帕蒂亚的死并没有解决奥雷斯特斯与西里尔之间的矛盾。尽管杀人凶手力图把事情做得很机密，他们把希帕蒂亚劫到教堂的情景还是被一个叫彼得的读经师见到了。这位有正义感的基督徒立刻向市长报告。虽然奥雷斯特斯没来得及营救希帕蒂亚，但却严惩了凶手。他知道此事与西里尔有关，当面质问西里尔，西里尔故作惊讶，说他根本不知道这件事，还装模作样地对这场惨绝人寰的谋杀案表示愤慨，对希帕蒂亚的死表示同情。因为没拿到充足的证据，奥雷斯特斯也奈何他不得，于是向罗马教廷申报了希帕蒂亚的遇害经过，请求调查并惩罚幕后指挥者。调查工作受到西里尔的百般阻挠，一再以所谓“缺乏证据”而延期。西里尔知道，教廷关心的是维护基督教的尊严，对希帕蒂亚这样一个不信教的人的遇害，不会太重视。所以，他气焰嚣张，不仅不配合调查，还在城里散布谣言，说奥雷斯特斯是挑起是非、扰乱这个城市安宁的罪魁祸首，奥雷斯特斯意识到自己不是西里尔的对手，害怕希帕蒂亚那样的厄运会降临到自己身上，于是悄悄地离开了亚历山大。看到自己的政敌败下阵来，西里尔喜形于色。他为了逃避罪责和欺骗世人，竟谎称希帕蒂亚还活着，住在雅典！对这一弥天大谎，没有人敢公开揭穿，此事便不了了之了。

西里尔是否直接指挥了对希帕蒂亚的谋杀，至今是个谜。但大量证据表明，他曾在许多场合表示对希帕蒂亚的敌意，说她是基督教的绊脚石。正是他造成的仇视希腊科学与民主、仇视那些不信教的科学家的政治氛围，使惨案的发生成为可能。当他的追随者安蒙纽斯被打死后，一些狂热的教徒曾在他面前表示要进行严厉的报复，要杀死奥雷斯特斯的朋友希帕蒂亚。西里尔并未制止他们，因为这种话正合他的心意。所以，他至少是默许了对希帕蒂亚的杀害。西里尔的罪责是不可逃避的，他将被永远地钉在历史的耻辱柱上！

希帕蒂亚的惨死标志着新柏拉图学派在亚历山大和整个罗马帝国活动的结束，也标志着希腊科学发展的终结。希帕蒂亚死后，她的学生和追随者在当地站不住脚，纷纷逃走。随着基督教的传播和发展，占星术和神学代替了科学研究，科学明显衰退。641 年，亚历山大被阿拉伯人攻占，博物院内的一切被付之一炬，希腊科学彻底衰亡了。欧洲进入了基督教占统治地位、排斥科学与民主的黑暗时代。

希帕蒂亚并没有被人们遗忘。她死后，亚历山大到处传颂着她的业绩，赞扬她的智慧和为人，感叹她的不幸遭遇。只是在西里尔的淫威之下，不敢公开表示出来罢了。雅典的人民也十分怀念这位善良、美丽的女科学家。希帕蒂亚死了，但她播下的科学种子却没有死亡。后来，一些学者带着她修订过的《几何原本》，带着阿基米德、丢番图等大数学家的著作和其他科学家的著作来到拜占庭，使希腊科学的种子在阿拉伯世界生根、发芽、开花、结果。15 世纪，古希腊的科学成果反传回欧洲，冲破了中世纪的黑暗，引起了一场史称“文艺复兴”的伟大运动，成为近代科学的开端。在人们所敬仰的那些为古希腊科学做出重要贡献的优秀学者中，便有希帕蒂亚的名字！

千百年来，希帕蒂亚被各族人民深深怀念着。她成为许多歌剧和小说的主人公。影响最大的是 1853 年出版的金斯利的小说《希帕蒂亚》，小说中的希帕蒂亚栩栩如生，再现了她的聪明、美丽、执着和善良。

（作者：孔国平）

阿涅西

近代第一位真正的女数学家

玛丽亚·加埃塔纳·阿涅西

（Maria Gaetana Agnesi，1718—1799）

中世纪，欧洲在教会统治下几乎只有教士才识字，一般贵族都不通文墨，商人识字极少，工农群众更是文盲。在基督教影响下，女性如果接受教育便被认为是诱惑与罪恶的渊源。因此女性非但不能接受高等教育，就连最基本的阅读与写作权利也被剥夺。15 世纪中叶君士坦丁堡（今伊斯坦布尔）沦陷后，许多学者移居罗马，他们给欧洲带来新的知识与批判性思想，促进了文艺复兴的发展。活版印刷的使用以及纸张的大量生产，也加速了文化知识的传播。希腊的数学典籍和新教思想家的著作在欧洲广泛流传，加速了思想进步和社会发展。

文艺复兴的号角冲破了中世纪漫长的黑暗，科学战胜了神明，意大利跃居为世界科学和文化的中心。不少人开始明白看书、识字的重要性。他们将这些人类认识世界最基本的技能视为自己的左右手，把知识看成珍贵的东西。在崇尚知识思想的驱动下，富人们纷纷为子女聘请家庭教师，即使是穷人的子弟也有机会去公办的学校接受教育。随着接受公共教育和参加文化活动人数的不断增加，第一部专为女性撰写的书籍问世了。女性的尊严得到广泛的认同，她们不再因接受教育或有文化被奚落、被嘲笑，年轻女子在学校甚至可以和青年男子并肩而坐。

女性同男性一样开始享有学术自由，才华横溢的女性还会受到意大利科学院、大学及宗教组织的欢迎，这成为 18 世纪博学女性成功的主要原因。在这种有利的文化与历史背景下，意大利女性从事了艺术、医药、文学、哲学、科学、语言学及数学等方面的许多工作。女性在学术界获得成功的例子屡见不鲜，仅 17、18 世纪在数学方面颇有建树的女性就有莫尔扎、阿尔丁黑利、博罗梅奥、皮斯科皮亚、维拉蒂、梅达利亚等。18 世纪的玛丽亚・阿涅西就是上述女性中最重要、最杰出的一位。

一、聪慧好学显天资

1718 年 5 月 16 日，阿涅西出生于意大利米兰一个富裕的家庭。她很小就被公认为神童，1723 年的一首十四行诗称赞她"5 岁就说得一口比塞纳河仙女还悦耳的法语"。此外，阿涅西 9 岁通晓拉丁语、希腊语、德语、西班牙语、希伯来语等多种语言，11 岁就具有将希腊语立即翻译成拉丁语的能力。

阿涅西的父亲彼得罗・阿涅西出身于殷实的丝绸商人之家，三次婚姻使他拥有 21 个子女，阿涅西是他与第一任妻子安娜・布里维奥的长女。彼得罗曾任欧洲最早的大学——博洛尼亚大学数学教授，在子女的教育甚至是生活方面起到决定性作用。他很早就为阿涅西及其妹妹玛丽亚・泰雷萨・阿涅西[1]聘请资深的私人教师，讲授语言学、哲学、数学、自然科学与音乐等课程。为了荣获米兰贵族

1　玛丽亚・泰雷萨・阿涅西，杰出的作曲家、钢琴家、歌唱家及歌词作者，其肖像至今仍挂在拉斯卡拉剧院博物馆。

头衔，彼得罗以贵族家庭的生活方式为标准，不仅在家中修建藏书阁，还定期举行家庭集会，地方执政官、参议员、大学教授、传教士、国外游客都可以到他家中朗诵诗歌以及讨论科学问题。阿涅西和泰雷萨在父亲的要求下参加了此类家庭集会。在集会演讲中阿涅西充分展示了她独特的语言天赋与渊博学识，她能自如地使用对方的语言进行交流和讨论，讨论的内容涉及逻辑学、机械学、流体力学、天体力学、弹性学、化学、植物学、矿物学等多门学科。泰雷萨则在讨论间歇，为客人弹奏拨弦古钢琴。

1727 年夏天的一次集会中，阿涅西凭记忆发表了一篇很长的拉丁文讲演，基本内容是维护女性学习人文科学与自然科学的权利。这次集会的出席者有地方行政官和参议员，阿涅西出色的演讲激发起他们强烈的兴趣，他们决定以阿涅西的名义出版一个活页文选。实际上，维护女性接受教育权利在当时是个流行话题，梅纳杰曾在《女性哲学家历史》中提出。1723 年，帕多瓦大学教授瓦利斯内里把一次会议讨论的主题定为是否允许女性学习自然科学与人文科学。1729 年，汇集意大利半岛所有关于这一主题的文稿出版了，其中包括阿涅西 1727 年的演讲稿。1730 年，阿涅西精通多种语言的天赋在米兰等地已经广为人知。然而 1730—1732 年间，一场“怪病”侵袭了阿涅西。这段时间，紧张的学习和母亲的去世使阿涅西屡屡遭受剧烈神经疼痛的折磨，发作时家人不得不将她的手脚固定起来以免她伤到自己。在医生的治疗及家人的帮助下，阿涅西渐渐恢复了健康。

1738 年阿涅西 20 岁，她完成学业并出版了《哲学命题》。这是一部关于哲学与自然科学的拉丁文论文集，其中 191 篇哲学论文正是根据家庭集会讨论的内容编写而成，包含逻辑学、本体论、灵物学、物理学等。此时，意大利因卷入波兰与奥地利的战争，沙龙文化已经进入停滞阶段。然而直到 1739 年，阿涅西仍处于米兰社交活动的中心。

> 我来到一个宽敞豪华的房间，那里大约有 30 位来自欧洲各个国家的访客，阿涅西端坐其中。她 20 岁左右，相貌平平，举止典雅……贝洛尼先以拉丁语与这位年轻的姑娘交谈，她应答自如。接着他们开始讨论，从泉水的产生到潮汐的原因……之后，我同她就肉体与灵魂的关系、光的传播、颜色的实质等话题讨论了近一个小时。她犹如天使一般，带给我从未有过的快乐。阿涅西还特别迷恋牛顿的哲学；她这等年轻竟对抽象的科目如此熟悉简直令人不可思议。不过，尽管我对她涉猎之广惊讶不已，我更惊愕于她竟能非常纯正、轻松、准确地说出拉丁语（一种很少有机会使用的语言）……

勃艮第最高法院院长德布罗斯参加 1739 年 7 月 16 日阿涅西家庭集会后发出这样的感言。

彼得罗以自己颇有造诣的女儿而自豪，但阿涅西忸怩的性格与公开的集会演讲所需要的激情格格不入。1739 年家庭集会后，阿涅西明确表示不愿长期抛头露面，她非常渴望进入女修道院成为修女。弗里西生动地形容了彼得罗闻听此言的反应，“他好像被闪电击到一样”。无法掩饰如此珍爱的女儿要离他而去的悲痛，彼得罗恳求她留下。在长期协商后，彼得罗应允了阿涅西的要求：她可以随时出入教堂，她可以穿着简朴，她可以不参加非宗教活动，她可以到马焦雷湖照顾贫穷体弱的女性。阿涅西留下了，间或为了取悦父亲，她仍旧参加家庭集会，但她光彩夺目的公众生活就此结束。

二、宗教与数学研究

退出社交活动后，阿涅西致力于宗教研究。据她第一个教会神父雷纳说，阿涅西自幼年就表现出对宗教的特殊爱好。1725 年阿涅西 7 岁，雷纳为阿涅西提供了模仿基督教传统的教材，其中包括信仰者教会生活的一系列教规。阿涅西的家庭教师及通信者有很多也是热衷于现代科学实践的权威传教士，如神父马纳拉，曾任罗马及博洛尼亚大学数学教授并从 1747 年起在帕维亚讲演的修道士兰皮内利，那不勒斯大学教授及那一领域的主教修道士布兰科内以及帕维亚实验科学的积极支持者、阿涅西的教师与朋友贝洛尼。也许正是这些人的宗教热情，熏染了阿涅西，使她后来成为虔诚的基督教徒。

阿涅西参加教会活动的目的是加快教育的现代化，同其他“开明的天主教徒”立志提高年轻人与穷人的教育一样，她提议天主教教学工作应有效结合现代科学，并强调教育过程中女性参与的重要意义。阿涅西还是意大利天主教启蒙运动的主要倡导者。她的宗教习俗、虔诚的信仰、教会新精神的思想深深地影响了她对数学的追求。培养基督教徒时，她将大量实用性知识归于数学，因为她将数学看作对信仰者精神生活起重要作用的智力实践。正因如此，阿涅西给予数学特殊地位。在她看来“科学知识”仅指几何与算术，任何来自经验的知识都可能出错，只有数学（最终是几何）能带来绝对可信的事实。

1739 年后，阿涅西在参加教会实践的同时，深入研究数学。她自学了牛顿、莱布尼茨、费马、欧拉、笛卡儿及伯努利兄弟的数学著作。1740 年，阿涅西邀请兰皮内利到米兰指导她的数学。在兰皮内利的帮助下，阿涅西又学习了雷诺的微积分教材《分析论证》。其实，阿涅西对数学的兴趣早在她十几岁时就有所表现。例如 14 岁时，阿涅西就能利用解析几何及弹道学知识来解决问题。她与私人教师的通信也表明，早在 17 岁，她就在贝洛尼的指导下学习并评注数学家洛必达的著作《圆锥曲线分析论》。该评注是阿涅西的第一部数学著作，尽管最终未能发表，却仍然受到审稿教授的称赞。

随兰皮内利学习时，阿涅西还与研究微积分学的意大利数学家们，尤其是里卡蒂伯爵通信交流。此外，她研读了意大利早期的一些数学著作，例如兰皮内利的老师、博洛尼亚大学教授曼弗雷迪 1707 年的专著。这些著作主要讨论微分方程，是意大利出版的关于无穷小分析的入门书，虽然有些内容已经有些过时。微积分虽然是当时数学科学中最高深的分支，却很少有人从事研究：一是没有全面的教材，只有少数教师有能力将其技巧介绍给学生；二是相关的资料很分散，莱比锡的《学报》、巴黎科学院的《文集》及许多期刊杂志中都只有部分介绍。基于以上原因，阿涅西萌发了将这些材料系统化，富有条理地将代数、解析几何、微积分等知识呈现给意大利青年人的想法。此后，阿涅西便开始了一生中最重要的工作——创作《分析讲义》。据史料记载，阿涅西是一位梦游症患者。在此期间，她往往在梦游中解出一些白天不能做出的数学难题，成为当时家喻户晓的逸闻趣事。为了在最好的环境下出版这部数学著作，彼得罗投资将一家出版社的设备安置在自己家中，以方便阿涅西监督管理。

三、《分析讲义》创佳绩

在阿涅西的努力下，1748 年《分析讲义》终于在米兰出版。它用意大利语书写，出版时采用托斯卡纳方言——但丁等人发明的书面语言。全书共有 1070 页，由四开的两大卷组成，涵盖初等代数、方程理论、解析几何、微积分学、无穷级数、初等微分方程等经典内容，强调了 18 世纪中期流行的数学概念的重要性，对数学分析知识做出清晰的阐述。该书基本内容可分为四部分：一是处理有穷分析以及最大值、最小值、正切、拐点、轨迹作图、圆锥曲线等基本问题；二是讨论无穷小分析；三是讨论积分学，具体给出积分法则并处理用函数表示幂级数等问题；四是处理微分方程及反正切等内容。《分析讲义》对数学的重大贡献在于：它以系统的方式及独特的说明，将分散于不同著作甚至是国外期刊中的数学内容（包括各种例题及习题）综合起来，凭借娴熟的技巧与敏锐的洞察力简洁阐述了半个多世纪以来产生的新的数学方法。

《分析讲义》一经出版，便在学术界引起了一场轰动，被公认为是关于有穷、无穷分析最完整的著作之一，是女性编著最杰出的数学巨作之一，并赢得全欧洲学术界的喝彩。阿涅西也因此被公认为是一位数学家，是意大利在数学分析领域做出贡献的第一位数学家。此外，该书还被誉为法国数学家洛必达早期著作《阐明曲线的无穷小分析》之后第一部通俗易懂的微积分教材，并被广泛翻译作为教科书使用。法译本（第二卷）由达安特米翻译、夏尔·博叙补充，1775 年法国科学院授权出版。院方评价该著作："组织严密、条理清晰、语言准确，是一部能让读者迅速并深入了解分析基本概念的最完整、最令人满意的著作。"英译本由剑桥大学卢卡斯数学教授科尔森翻译，1801 年德马塞尔投资在英国出版。编辑赫林斯介绍该译本时写道："他（科尔森）发现她（阿涅西）的著作如此精彩，以至于他不得不用心学习意大利语，唯一目的就是将它更准确地译成英文，以便英国的青年人能像意大利的青年人一样受益匪浅。"阿涅西的《分析讲义》被认为是学习欧拉专著最好的入门书。据拉格朗日的一位朋友回忆，拉格朗日在学习欧拉、约翰·伯努利、牛顿的专著之前曾研习过阿涅西的《分析讲义》。

兰皮内利使阿涅西的研究不拘泥于形式，并鼓励她完成了这部大作。为此，在《分析讲义》序言中阿涅西表达了对兰皮内利的感谢："在整个学习过程中，出于对数学的热爱，我强迫自己致力于其中。然而，如果没有兰皮内利可靠与英明的引导，我必将被错综复杂而又不可逾越的困难纠缠不清。"

其实，阿涅西创作《分析讲义》时，微积分的应用已发生很大变化。确切地说，莱布尼茨体系的支持者热衷于微积分的算法及其在不同数域的广泛应用，而牛顿学说的信奉者则着重微积分应用的几何意义。1730 年左右，两种研究方向分歧严重，以致两学派之间的交流越来越困难。莱布尼茨学派如巴塞尔及北意大利的数学家们，迅速发展了微积分的代数算法，并将其具体应用于力学、机械学、水力学等。英国数学家则相反，主要考虑的仍是微积分的几何意义及其在天体力学上的应用。结果，18 世纪期间英国数学家专心研究牛顿的几何方法，甚至拒绝阅读任何用莱布尼茨记号书写的东西，使得英国数学落在后面。

阿涅西在《分析讲义》中详尽阐述了北意大利莱布尼茨学派的微积分内容，尽管采用“微分”，阿涅西表明其实际上等价于牛顿的“流数”；她坚持几何证明的优先性，忽略了力学与水力学的应用，而这对 1719 年继承帕多瓦大学数学教授尼古拉·伯努利职位的波伦尼至关重要。也许正是这些不同于欧洲大陆数学著作的特点，吸引英国与法国的数学家争相翻译该书。当英国数学家就代数的本质与微积分基础进行讨论时，《分析讲义》的英译本在英国广为流传，再次提升了它在欧洲大陆的地位。其实，科尔森已将阿涅西介绍的莱布尼茨的微分符号改成牛顿的流数符号。其英译本的编辑赫林斯将阿涅西的著作视为牛顿学说——“几何”——关于代数与微积分有价值的入门书，并在阿涅西的著作中写道：“代数明智地应用于高等几何，这使它成为介绍流数法原理的一部精彩导论。”

四、“阿涅西曲线”载史册

阿涅西认为数学是人类思维能获得肯定的唯一领域，肯定来于证明，证明只能通过对几何原理的认识与应用得到，而不是对代数算法的操作。这种思想体现在《分析讲义》中，主要表现在两个方面：首先，其代数与微积分基本建立于几何思想之上，例如，她强调方程的几何构造技巧及无穷小的几何意义；其次，欧洲大陆数学家从事微积分研究的主要目的是考察其在力学与经验物理学中的应用，但《分析讲义》上千页的书稿中没有一个此类应用的例子。阿涅西考虑代数与微积分的基础概念与方法，主要为了解决几何问题及研究特殊曲线，后者之一就是“阿涅西曲线”。

这支与阿涅西的名字联系在一起的正矢曲线，使阿涅西从此名垂青史。阿涅西定义这支曲线如下：如果 C 是以（0，$a/2$）为圆心、a 为直径的圆，过原点 O 的变量直线 OA 与直线 $y=a$ 相交于点 A，与圆相交于点 B，过点 A 平行于 y 轴的直线与过点 B 平行于 x 轴的直线相交于点 P，那么点 P 的轨迹即为该曲线（见图一）。

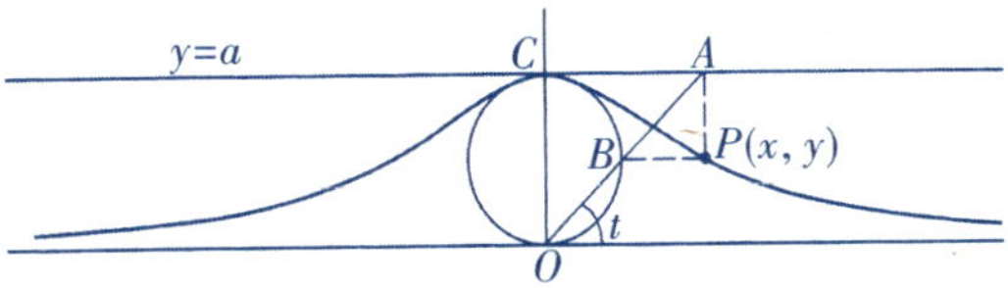

图一

18 世纪所研究的曲线都是代数曲线，即它们的方程由 $f(x, y)=0$ 给出，其中 f 是 x 和 y 的多项式。17 世纪，笛卡儿按照曲线方程的次数对曲线进行分类的计划深深地打动了牛顿。于是他用适合于各该次曲线的方法系统地研究了各次曲线，第一个对高次平面曲线进行了广泛的研究。牛顿关于三次曲线的工作激发了关于高次平面曲线的许多其他研究工作，按照这个或那个原则对三次和四次曲线进行分类的课题继续使 18 世纪和 19 世纪的数学家们感兴趣。阿涅西研究“阿涅西曲线”时也着重研究了它的方程，因她视 x 轴为纵轴而 y 轴为横轴，故得出曲线方程为 $xy^2=a^2(a-x)$。而如今均采用 x 轴为横轴、y 轴为纵轴，故现在该曲线笛卡尔方程为 $yx^2=a^2(a-y)$ 或 $y=a^3/(x^2+a^2)$。

“阿涅西曲线”是一支特殊曲线，对于特殊曲线的研究，历史上不乏其人。雅各布·伯努利 1694 年讨论了双纽线的性质，之后以“伯努利双纽线”著称，其方程为 $a^2(y^2-x^2)+(y^2+x^2)=0$。雅各布还对对数螺线深有研究，他发现经过各种变换后，其结果还是对数螺线。在惊叹这曲线的奇妙之余，遗言要将这曲线刻在墓碑上，并附以颂词“纵使变化，依然故我”。约翰·伯努利 1691 年解出悬链线问题。此外还有方程为 $x^3+y^3=3axy$ 的笛卡儿叶形线等。

历史学家们最近获悉：费马 1665 年研究过“阿涅西曲线”并给出其方程；格兰迪在他的著作中曾为“阿涅西曲线”作图。据美国数学史家博耶说，牛顿也给出过这支曲线的作图。而这一切，阿涅西当时毫不知情。后人为了纪念阿涅西的贡献，把由上述方程表示的平面曲线称为“阿涅西曲线”。我国翻译者根据曲线的形状译作“阿涅西箕舌线”。

“阿涅西曲线”最初的名字为“女巫阿涅西”，关于它的由来一直流传两种说法。一种认为：该曲线由直线旋转生成（见图二），拉丁文 vertere 意为旋转，衍生为 versiera，故命名 versiera。又因 versiera 还是意大利语 avversiera 的缩写，后者意为“魔鬼的妻子”。于是，当阿涅西的原文被译成英文时，科尔森很可能将“versiera”

一词译成“witch”，从此该曲线便以“Witch of Agnesi”即“女巫阿涅西”为人所知。另一种说法是：阿涅西命名这支曲线为“la versiera”，科尔森翻译时将“la versiera”误认为“l'aversiera”。后者意为“女巫”或“女魔鬼”，因此而得名“女巫阿涅西”。总之都是因为误译而致。

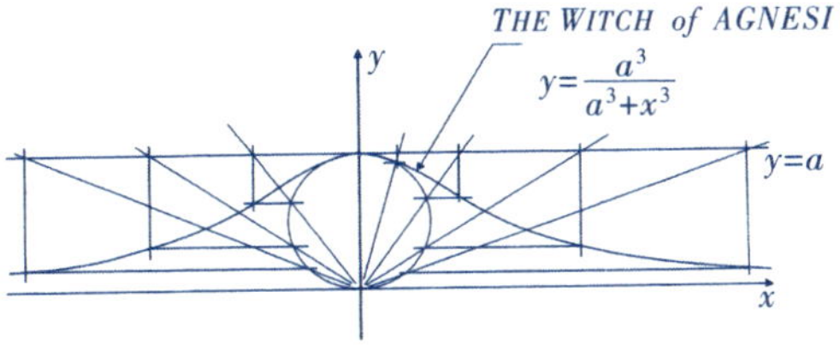

图二

“阿涅西曲线”呈钟形，并以 x 轴为渐近线。早期，由于没能与机械学、物理学的应用联系起来，故而没受到应有的重视。如今，“阿涅西曲线”除许多有趣的性质外，在现代物理学中还有大量特殊的应用。许多数学家都热衷于这支曲线的讨论，他们通过一个相似变换改变曲线纵坐标的标度，构造出一支“伪阿涅西曲线”。19世纪—20世纪意大利数理逻辑学家皮亚诺，也抵挡不了来自阿涅西曲线的诱惑，对它进行深入研究并创制出一支构造过程类似“女巫阿涅西”的曲线。

五、崇高荣誉于一身

1748年，《分析讲义》出版后，大量名人的祝贺信纷至沓来，包括维拉蒂、里卡蒂、波莱尼、蒙蒂哥尼等。1749年，她的著作呈献给奥地利女皇玛丽亚·特里萨时，女皇特赐她一枚名贵的钻石戒指和一个镶满钻石与宝石的水晶首饰盒，以表示对她的赏识。阿涅西还被推选为意大利博洛尼亚科学院成员，并获得国家最高荣誉奖。而法国科学院当时仍禁止女性工作，没有接受阿涅西。

此时，阿涅西不仅在学术界享有声誉，在威尼斯人哥尔多尼创作的喜剧《荷兰医生》中也有提及。1756 年这部喜剧在米兰上演，相关剧情如下："一位疑病症患者"居登在一位著名医生的工作室候诊。卡罗利纳是一位妇人的仆人，正在查找一本书……她向居登解释："这个医生的侄女也就是我的女主人，想看一本最近在米兰出版的分析学著作。"居登听后非常吃惊。"您认为女性研究几何很奇怪吗？"卡罗利纳问道，"那您一定会更惊讶，因为这部著作的作者玛丽亚·阿涅西是一位意大利女性，我的老乡，不是荷兰人……她可真是一位卓越、博学的女性，为我的祖国增添了荣耀……"

最令阿涅西兴奋的莫过于受到同样爱好数学的教皇贝内迪克特十四世的赞誉。教皇赏识阿涅西罕见的才能，预言她将是最伟大的分析学教授之一、她的著作将使意大利及博洛尼亚科学院名声大振，并在两封信中表达了对阿涅西的敬意。第一封信署名日期 1749 年 6 月，教皇在信中祝贺阿涅西的著作获得成功，还送给她一枚金质奖章和一顶镶满钻石的荣冠。第二封信注明日期 1750 年 9 月 26 日，时值阿涅西 32 岁，教皇任命她为博洛尼亚大学数学与自然哲学教授。信中说："……我们认为应该授予您大学数学教授职位，您不用感谢我们，我们应该感谢您……"证书上署名日期 1750 年 10 月 5 日，由教皇亲自送到博洛尼亚大学。阿涅西与其父亲曾在同一所欧洲最著名的大学担任教授，成为该大学历史上少有的事件。该大学评议委员会将阿涅西列入教授团的名册，长达 45 年之久。她是意大利第二位女教授，也是第一位女数学教授。

可是，后来的历史学家们对她是否任职有不同看法：有的认为她留在米兰，从未就职；有的认为她只有在父亲患病时任职。追溯史籍，一般认为她接受了名誉教授职位，1750 年—1752 年期间任博洛尼亚大学“数学与自然哲学”教授，直至父亲 1752 年 3 月去世。

六、慈善事业献爱心

彼得罗的去世，成为姐妹俩生活转折的标志。泰雷萨嫁给皮诺蒂尼，一个彼得罗明确表示不喜欢的人。阿涅西则放弃了深入研究数学的志向。1762 年，都灵大学就拉格朗日近期发表的变分法论文征求阿涅西的见解，她的答复是已不再关心此类问题。一些谣言将阿涅西放弃数学的原因归于“她厌恶了意大利人对她数学著作的漠视”，实则不然。阿涅西得到了大量关注与赞美，她的传记甚至比 18 世纪所有数学家的传记还多。如今的古文物收藏中心，她的《分析讲义》比同时代的法国、德国、英国数学教师的书籍还要稀有珍贵。阿涅西放弃数学研究的真正原因，可以从她的一段话中得到答案：“人类通常为了达到某种目标而有所为，基督教徒的目标则是为上帝带来荣耀。我希望我做到了，因为我的研究对人类有益。之所以顺从，因为那是我父亲的意愿。如今，我已经找到更好的方式为上帝服务。”

1752 年后，阿涅西倾心于慈善事业。她将全部资金用于慈善事业，不仅将宅邸改建成一家收容所，还在其他地方投资修建济贫院。她与下层社会的妇女一起工作，对贫穷、苦难、绝望的病人，尤其是妇女，施以帮助。为了竭尽全力工作，她节衣缩食，甚至毫不犹豫廉价卖掉了女皇赐予的礼物及教皇赠送的荣冠。与此同时，她管理家务，母亲般照顾众多的弟、妹，对他们进行引导、教育。她的弟弟朱塞佩13岁时退学，由阿涅西在家中单独辅导。如此重大的责任很可能正是阿涅西一生未婚的原因之一。

1771年里奥尔齐奥慈善机构开业，大主教波佐博内利任命她为女性负责人。1783年，阿涅西搬到里奥尔齐奥慈善机构居住，她悉心呵护那些患病的妇女长达28年，直至1799年1月9日因肺炎去世。里奥尔齐奥慈善机构所有人都为她的逝世感到悲恸不已，并在年报中尊称她为“安慰病患和濒临死亡女人的天使”。

阿涅西去世后被安葬在米兰市罗马门外的墓园，与15位著名老人葬在同一墓穴中，碑文上雕刻“以虔诚、博学、著作精彩而闻名于世”。1899年1月9日，是她逝世100周年纪念日。米兰市为了表彰她的贡献，以她的名字命名了一条街，并立下一块柱石，碑文上镌刻赞颂她的文字：“十八世纪意大利光耀的数学界中的博学通儒”。米兰市有一所师范学校也以她的名字命名，并且提供奖学金给贫穷女学生，以表示对她的敬意。

玛丽亚·阿涅西以其卓越的数学成就为后人尊敬，以天使般善良的心灵为世人传颂。她不仅是一位著名的女数学家，更是一位伟大而杰出的女性，她光辉的形象与不凡的业绩永远留在人们心中。

（作者：郭轶男　王青建）

热尔曼

法国科学史上的杰出女性

玛丽·索菲·热尔曼

（Marie Sophie Germain，1776—1831）

一、奇妙的克拉德尼图形

1808 年，德国物理学家克拉德尼访问巴黎，做了一个有趣的实验。他把细沙均匀地撒在一个金属盘上，然后在盘的周围迅速拨动小提琴的琴弦。只见那些沙粒像经过训练的士兵一样，进行有规律的移动。不一会儿，这些沙粒便组成一幅美丽而对称的图案，图案的背景上（即各节线之间）则几乎没有沙粒。继续拨动琴弦，则沙粒只是上下移动，绝不散开。旁观的人简直以为克拉德尼在变魔术！有人检查了一下金属盘及上面的沙粒，并未发现异常之处，于是把细沙重新均匀地撒在盘上。另一个人拿起提琴，模仿克拉德尼，不停地拨动琴弦。那些沙粒又像听到指挥一样，排成和刚才一样的图形。人们为这一现象陶醉了，不再怀疑它的真实性。据说，克拉德尼向拿破仑演示这一现象时，拿破仑也十分惊异。但人们不禁要问，产生这种现象的原因是什么？在当时，包括克拉德尼本人，都不能给这种现象以合理的解释。于是，法国科学院设立了一项 3000 法郎的专项奖金，宣布此奖金将授予第一个给这一现象作出数学解释的人。拉格朗日预言：问题的解决标志着数学分析的突破。

谁能摘取这一桂冠呢？数学界、物理界的学者们，还有许多对这一现象有兴趣的人翘首以待。时间一年一年过去了。1816 年初，科学院突然宣布：这一问题已为索菲·热尔曼解决！整个巴黎轰动了，这位以前名气不大的法国妇女，立刻成了人们谈论的话题。

二、少年时代

热尔曼生于 1776 年 4 月 1 日的巴黎。她父亲是一个丝绸商人，名叫安布罗斯，曾当选为法国议会议员，代表第三等级的利益，后来成为法国银行的理事。热尔曼的母亲叫玛丽。他们有三个女儿，索菲排第二。

安布罗斯学识渊博，朋友如云，家里经常聚集一些学者，在一起讨论各种哲学问题及法国的政治问题，对小热尔曼有着潜移默化的影响。家里有一间藏书丰富的图书室，热尔曼识字之后，便常在里面看书。她聪明好学，尤其喜爱读科学家的传记，许多科学家成为她崇拜的英雄。13 岁那年，她从一本数学史著作中看到阿基米德的事迹，深受感动。蒙图克拉的《数学的历史》中写道：阿基米德生活在叙拉古（今属西西里岛），在相对平静的环境中研究数学。但是当他 75 岁时，和平被罗马军队的入侵所破坏。一个罗马士兵走近阿基米德，向他问话。此时的阿基米德正全神贯注地研究沙盘上的一个几何图形，以至没顾上回答问题，他甚至埋怨士兵妨碍了他的研究！结果，他莫名其妙地被士兵用长矛杀死了。读到这里，热尔曼难过地掉下了眼泪，她进而得出结论：数学居然能使人痴迷到忘记生死的程度，它必定是世界上最迷人的学科！从此，她便立下了当数学家的宏愿。

当时的法国公立学校不招收女生。热尔曼便自学了拉丁语、希腊语，并开始阅读牛顿、欧拉等数学大师的著作。她整天废寝忘食地看书，引起了父母的反对，他们认为女孩子不必读那么多书，劝她注意休息。但她仍看书到很晚。于是，父母便开始干涉她了。他们强迫她上床睡觉，然后拿走卧室的灯，甚至拿走她的衣服并关闭暖气。但在他们走后，热尔曼点燃早已准备好的蜡烛，把被子裹到身上，继续读书。第二天早上，她父母发现点剩的蜡烛和结了冰的墨水瓶时，才知道她对数学是如此着迷。疼爱她的双亲被感动了，由阻挠变成了支持，她从父亲那里得到许多指导。18 岁时，她已打好了牢固的数学基础。她逐渐感到，父亲的图书室已经满足不了她的求知欲了。

要进一步学习数学，就要走出家门。这时正是法国数学蓬勃发展的时期。1794 年，公共工程中心学院在巴黎成立了。它就是后来的综合工科大学，著名数学家拉格朗日、蒙日等都在那里任教。热尔曼非常高兴，以为自己梦寐以求的深造机会来了。她立即打听报考的地点、日期，但令她失望的是：这所大学同其他大学一样，也是不招女生的。

一心求学的热尔曼设法收集该校的讲义。她听说一个叫勒布朗的男生因故离开了巴黎，而学校尚不知此事。于是，她便化名勒布朗，取得了学校给勒布朗的学习材料和习题，并且每周以她的化名交上习题的解答。她像在校学生一样，用一个学期时间学完了拉格朗日的《分析学讲义》。期末，她写了一篇学习心得寄给拉格朗日。拉格朗日十分赞赏这位勒布朗，约她面谈。当他知道作者是一位19岁的姑娘时，非常惊奇。站在他面前的这个女孩脸上丝毫没有娇媚之态，有的只是坚毅和诚实及潜藏着的非凡的智慧。拉格朗日对热尔曼赞誉有加，说她在数学上很有前途。以后的几年中，他经常对热尔曼进行指导，支持和鼓励她研究数学。他还自愿当了热尔曼的教父。热尔曼结识了科学界的不少学者，她的虚心好学及聪慧机敏博得了大家的好感。许多人与她通信，进行义务指导。通过这种方式，她不仅获得了高等数学教育，还学到文学、生物学和哲学知识。

三、奋斗在数论王国

1798年，勒让德的《数论》出版了。数论是研究整数性质的一门科学，被称为“数学中的女皇”。那些奇妙的性质及优美的证明深深地吸引了热尔曼，她如饥似渴地学习。这本书对她的学术生涯产生了巨大影响，她写信给勒让德，得到了对方的热情帮助。实际上，由于当时的妇女没有进大学的机会，热尔曼的进步除了自学外，主要得益于几位数学大师的指导。与她交往的数学家中，最有名也是最为人称道的，是她与高斯的友谊。

1801年，大数学家高斯发表了《算术研究》，这是一本数论专著，代表了当时世界数论研究的最高水平。该书系统总结了前人的成果，解决了一批困难的历史名题。

热尔曼熟读了高斯的著作，并得出自己的一些新结果。1804年，她决定直接给高斯去信，讨论数学问题。这时的热尔曼已28岁，在巴黎也小有名气了。但她仍害怕这个大人物会因她的性别而不认真对待，于是再次使用了她的化名，在信的末尾署名勒布朗先生。她对高斯的敬畏从信中看得很清楚：

> 不幸的是，我智力之所能比不上我欲望的贪婪。对于打扰一位天才我深感鲁莽，因为除了所有他的读者都必然拥有的一份倾慕外，别无理由蒙其垂顾。

高斯仔细阅读了她信中的数学见解，对她的工作给予很高评价，认为她在数论方面已有相当深的造诣，并把她视为自己的知音，说："我很高兴数学找到了你这样有才能的朋友。"从此，两人常在通信中讨论数论问题。但高斯并不知"勒布朗"的真实身份，甚至不知她是一位女子。热尔曼从高斯的信中受益匪浅，而她的创造性思维有时也激发了高斯的灵感。不过，高斯太热心于自己的课题了，对热尔曼的信，他只回答那些与自己课题有关的问题。

1806 年，拿破仑入侵普鲁士。不久，法国军队攻占了汉诺威，高斯的住处离此城不远。消息传到热尔曼耳中，她立刻为这位异国朋友的安全担心。她想到阿基米德的惨死，那位举世闻名的科学家就是在自己的城市被敌人攻占后，无辜地遭到杀害的。她深怕高斯遭此厄运，因而寝食不安。她反复考虑："我应该为朋友的安全做点什么呢？"突然，她想到占领该城的法军司令帕尼提是父亲的好朋友，何不给他写封信呢？她鼓足勇气，亲笔给这位指挥官写信，询问高斯的安全，情真意切地恳求帕尼提不要伤害高斯，说他在科学上的伟大贡献对世界是有利的，对法国也是有利的，而高斯本人从未与法国为敌。这位军官似乎并没有加害高斯的打算，收到热尔曼的信后，立即表示将约束他的士兵，不让他们伤害高斯这样的科学家。他甚至派了一个使者去问候高斯的安全，并提到热尔曼对他的关心。高斯十分惊讶，说他根本不认识热尔曼，与他有联系的那位法国人叫勒布朗。谈着谈着，高斯恍然大悟：热尔曼就是勒布朗，她化名勒布朗与他联系！高斯十分感动，来人走后不久，他便亲自给热尔曼写了一封热情洋溢的信：

> 在晓得我一向尊敬的“勒布朗”先生竟变成做出如此辉煌成就的索菲·热尔曼时，你可以想象我的惊讶和仰慕之情了。你的表现，实在是令人难以相信的范例！一般而言，对抽象的科学，尤其是对神秘的数论的爱好是非常罕见的。这门高尚的科学只对那些有勇气深入其中的人展现其迷人的魅力。而当一位在世俗的眼光看来一定会遭遇比男子多得多的困难才能通晓这些学问的女性终于成功地越过种种障碍洞察其中最令人费解的部分时，那么毫无疑问她一定具有最崇高的勇气、超常的才智和卓越的创造力。事实上，还没有任何东西能以如此令人喜爱和毫不含糊的方式向我证明，这门为我的生活增添了无比欢乐的科学所具有的吸引力绝不是虚构的，如同你的偏爱使它更为荣光一样。

信的落款时间是“1807年4月30日”。

从此以后，高斯更加热情地指导热尔曼的数论研究，不仅是有问必答，而且常常主动向热尔曼介绍新思想、新成果。到 1808 年，热尔曼已经攀上数论研究的高峰，敢于向世界难题——费马大定理发起冲锋了。

费马大定理是法国数学家费马提出的一个著名定理。

1637 年左右，费马在丢番图的《算术》第二卷第八题“将一个平方数分为两个平方数”旁边写道：

> 要将一个立方数分为两个立方数，一个四次幂分为两个四次幂，一般地将一个高于二次的幂分为两个同次幂，都是不可能的。对此，我确信已发现一种美妙的证法。可惜这里空白的地方太小，写不下。

这就是数学史上有名的费马大定理，可用现代术语简述如下：$n>2$ 时，$x^n+y^n=z^n$ 没有正整数解（其中 n 为整数）。这个定理十分简单却极难证明。费马逝世后，人们试图找到他对这一定理的证明，但翻遍他的遗稿和藏书也未能如愿。于是，许多数学家跃跃欲试，想证明这一定理。但直到 20 世纪 80 年代，也没有人能给出普遍的证明。也许，费马所谓“美妙的证法”有误，而他自己并未意识到这一点。实际上，人们只发现了他对 $n=4$ 时的证明。后来，大数学家欧拉证明了 $n=3$ 的情况，勒让德证明了 $n=5$ 的情况。雄心勃勃的热尔曼试图给出定理的一般证明。但勒让德告诉她：这是很难做到的，应该一步步地逼近这一目标，有限而有效地解决这一问题。热尔曼接受了这一劝告，她深入研究了费马、勒让德和高斯的有关数论的著作，并在信中多次与勒让德讨论费马大定理。

总的来说，热尔曼采用了一种新的策略，不再像前人那样证明一个个特殊的情形，而是一次就得出适合许多情形的解答。经过反复论证，她终于提出并证明了后人称为热尔曼定理的结论：对大于2小于100的一切素数 n，若 x、y、z 与 n 互素，则方程 $x^n+y^n=z^n$ 没有正整数解。

这一定理是热尔曼对数论发展的重要贡献，是该领域的一块基石，发表在热尔曼的著作《哲学作品》中。她的定理被后人改进和发展，但没有人能取代她的定理。在这一定理的基础上，勒让德和库默尔做了进一步的工作，去掉了 n 为素数及 x、y、z 与 n 互素的限制，使定理发展为：对大于2小于100的一切整数 n，$x^n+y^n=z^n$ 没有正整数解。此后，人们利用热尔曼的方法，不断增大 n 的数值。1908年，迪克森证明了 $n<1700$ 时，定理成立，后来又把 n 扩大到7000。在迪克森的《数论史》中，详细叙述了热尔曼在数论方面的贡献，列举了她发现的好几个定理。到1986年，数学家证明了 $n<125000$ 时，费马大定理成立，这是到那时为止关于费马大定理的最佳结果。把 n 提高到如此大的数值，是利用大型电子计算机加上精巧的方法来实现的。但是，只靠增加 n 的数值，是不能最终证明该定理的。即使把 n 增加到1亿，也不能说明 n 等于1亿零1时是正确的。数学的发展呼唤理论上的重大突破。

1994年10月，英国数学家安德鲁·怀尔斯终于在前人成果的基础上取得根本性突破，对费马大定理给出了完整的证明。这是他对此问题连续七年执着研究的结果，发表在 1995 年的《数学年刊》上。其意义远远超过了解决一个数学难题，而是在扩展数学王国的边界！

除研究费马大定理外，热尔曼还证明了高斯的几个未证明的数论定理，并与高斯共同解决了一些曾困扰高斯和拉格朗日的在数论和矩阵方面的问题。她还与高斯讨论天文问题，从中可以看出她对拉普拉斯天文理论的深刻理解。她在与勒让德的通信中，也提出并证明了一些新定理。1808 年，勒让德的《数论》再版时，便包含了热尔曼的成果，其中有些内容是以热尔曼的名字命名的，如热尔曼数。若素数 n 使得 $p=2n+1$ 也是素数，则称 n 为热尔曼数，或热尔曼素数。例如，5 是热尔曼数，因为 $2\times5+1=11$ 是素数；而 13 不是热尔曼数，因为 $2\times13+1=27$ 不是素数。热尔曼用巧妙的方法推出，对于热尔曼数 n，$x^n+y^n=z^n$ 不存在正整数解。她还证明了另一个相关定理：$n>1$ 时，n^4+4 为合数。

四、为数学物理奠基

虽然热尔曼在数论方面取得巨大成功，但并未引起人们的多大注意，因为在当时的巴黎，人们不重视如此抽象的纯数学问题。当她转向弹性理论的研究时，情况就不同了。1808 年，高斯被聘为格丁根大学的天文学教授，他的兴趣从数论转移到应用数学方面，他与热尔曼之间关于数论问题的通信也基本停止了。在对费马大定理的研究取得阶段性成果后，热尔曼对纯粹数学的兴趣也开始减弱。拉格朗日曾劝说她不要把注意力从纯数学上移走，以便在数论等领域取得更大成果。但自从 1811 年法国科学院悬赏解决克拉德尼问题后，她便被美妙的克拉德尼图形吸引住了。她决心用她的数学知识攻克这一物理难题。

热尔曼从事的学科叫数学物理——以数学方法研究物理问题的一个应用数学分支。这一学科在当时刚刚起步，所用的主要数学工具是微分方程。在热尔曼之前，欧拉已在这一领域做了开创性工作。热尔曼学习并翻译了欧拉的有关著作，领会了数学物理的精髓，然后着手推导有关克拉德尼图形的微分方程。9 月，她认为自己得到了这一图形的合理解释，于是迫不及待地写成论文，寄给了法国科学院。勒让德、拉普拉斯和拉格朗日是评委。勒让德审查了她的论文，认为在数学上还应补充一些内容。12 月，委员会正式通知热尔曼，论文中的一个方程有误，不能获奖。这次比赛中，没有任何人获奖。但热尔曼的文章包含了创造性成果。后来，拉格朗日从她的前提出发，推导出一个正确的关于弹性表面振动的偏微分方程。

热尔曼得知评议结果后，没有气馁。她吸取了失败的教训，反复核实数据，进行严密推导，终于写出内容丰富的第二篇论文。1813 年，比赛继续进行。10 月，热尔曼把论文寄给了勒让德。在这段时间里，并没有其他人解决这一问题。一些数学家对此有兴趣，但不敢问津，因为拉格朗日曾表示：以现有的数学知识解决这一问题是不够的。但一位没有受过正规高等教育的妇女却敢于向它发起强攻，这是多么了不起啊！勒让德和拉普拉斯审阅了这篇论文。12 月 4 日，勒让德复信热尔曼，在肯定了文章的成就之后，指出她在双重积分方面还有解释不清的地方。

热尔曼的第二篇论文是一篇相当优秀的论文，稍加改进后就可以达到获奖要求。但论文被搁置了。1814 年 8 月，泊松在一次学术会议上宣读了他关于弹性曲面的论文，中心问题是解释克拉德尼图形。这篇文章得益于热尔曼的论文，并直接运用了她的方程。热尔曼在论文中已对这一方程进行了详尽的推导，并指出它在弹性理论方面如何有用。实际上，热尔曼的文章在发表前被人盗用了，而她本人还不知道。

比赛仍在进行，泊松竟然在他主编的一个杂志上发表了他的论文，期待着奖金能落在自己手中。在悬赏初期，拉普拉斯曾希望泊松获奖，而泊松在数学分析方面的造诣也是举世公认的，他想自己的获奖不会有人怀疑。而且这时，他还担任了评委！

热尔曼发现自己的成果被盗用后，非常气愤，立即给评委会写信投诉。勒让德和拉普拉斯支持热尔曼的意见，在评委会上，他们与泊松展开了辩论。在事实面前，泊松不得不承认自己未经作者允许而采用其成果是错误的。委员会决定，把论文退给热尔曼作必要的修改，把她列为可能获奖的第一候选人。

热尔曼的第三篇论文题为《弹性振动研究》，它只有第二篇论文的一半长，但很精彩。文中深刻阐述了一般弹性表面的振动规律，所用方法比泊松的更精确。这篇文章是 1815 年完成的。

1816 年初，她的论文交给法国科学院后，评委会一致决定通过了她的获奖。她成为第一个荣获法国科学院奖金和金质奖章的女数学家。在发奖仪式上集结了一大群人，他们想目睹这位女数学家的风采。但令大家失望的是，热尔曼没有在仪式上露面。这是为什么？人们猜测着，议论着，也许是身体原因，也许是正在外地来不及赶回，也许是出于对泊松的不满，谁也说不清楚。

热尔曼的第三篇论文是弹性力学的基础，也是早期数学物理方面的重要成果。后来，傅里叶、纳维埃、柯西等关于弹性的研究工作都依赖于热尔曼的成果。热尔曼的名字在欧洲不胫而走，她被誉为近代数学物理的奠基人。法国优秀数学家团体热情地吸收她为会员，著名数学家勒让德、柯西、傅里叶、泊松和纳维埃都是这个团体的成员。她还应邀出席法国科学院会议，成为法国历史上第一位不是以夫人身份出席这种会议的女性。在当时，可以说是这个权威机构给予女子的最高荣誉了！

1821 年，热尔曼在巴黎发表了她的获奖论文。这篇经过改进的文章，题为《弹性曲面理论研究》。文中以四阶偏微分方程形式给出弹性表面的一般振动原理的表达式，即

$$N^2\left[\frac{\partial^4\rho}{\partial s_1{}^4}+2\frac{\partial^4\rho}{\partial s_1{}^2\partial s_2{}^2}+\frac{\partial^4\rho}{\partial s_2{}^4}-\frac{4}{S^2}\left(\frac{\partial^2\rho}{\partial s_1{}^2}+\frac{\partial^2\rho}{\partial s_2{}^2}\right)\right]+\frac{\partial^2\rho}{\partial t^2}=0$$

这里 N 是具有均匀密度的弹性表面上的一个物理常数，S 是平均曲率半径，是在曲面上逐点变化的。应该强调的是，平均曲率的概念 $\left(\frac{1}{S}\right)$ 是热尔曼首次引入的。她定义的平均曲率是两个主曲率的算术平均值。有了这个概念，才使得以数学方法描述弹性规律成为可能。一个弹性表面可以分成无数个微小的平面，各小平面间的夹角

用 $\frac{2\pi}{n}$ 表示，当 n 无穷大时，就得到平均曲率。热尔曼的方程适用于任何弹性表面，包括曲率为零的表面，例如用小管吹出的肥皂泡和理想平面。

热尔曼的成就赢得了科学界的赞誉。柯西说："这篇文章的作者及主题的重要性都是值得数学家注意的。"纳维埃则风趣地写道："这是一项只有一个女人能完成而只有少数几个男人能看懂的巨大成就。"普隆尼伯爵称赞她是"19 世纪的希帕蒂亚"。

这样一位出色的科学家，本应被吸收进法国科学院，仅仅因为她的性别而被拒之门外。1822 年，傅里叶当选为法国科学院的永久秘书，他颁发的一个条例便是允许妇女参加法国科学院的某些活动，如公开的学术会议。这对热尔曼是有利的。傅里叶做出这一决定可能与热尔曼的影响有关，因为他一直与热尔曼保持着友谊。此后，热尔曼虽然不是法国科学院成员，却可以较多地参加法国科学院的活动了。

热尔曼在获奖论文的基础上继续研究弹性，于 1824 年向法国科学院提交了另一篇论文。在这篇文章中，她进一步推广了自己的成果，使之适用于厚度是变量的弹性薄膜。拉普拉斯、泊松和普隆尼负责审查她的论文，认为有些缺陷，但没有嘱作者修改，而是搁置一旁了。直到 1880 年普隆尼的文集出版时，才附上这篇有价值的论文，使读者知道了热尔曼在 50 多年前取得的成果。

1826 年，热尔曼又完成了一篇重要论文《关于弹性曲面的性质、界及范围的说明》。这一次，她在柯西的鼓励下，未送法国科学院审阅便将论文发表了。文章写得很成功，法国科学院的成员也意识到这一点。如果她是男人，肯定会被法国科学院吸收。但在当时的社会里，女人是不能进科学院的。那时研究数学物理的人很少，热尔曼几乎是在孤军奋战。1831 年，热尔曼发表了她的最后一篇论文《关于曲面曲率的报告》。文中进一步阐述了平均曲率的概念及其应用，对弹性理论和微分几何做出新的贡献。

热尔曼的弹性理论在工程技术中得到广泛应用，特别是在建造作为巴黎标志的艾菲尔铁塔时发挥了重要作用。工程师们应用了她的成果，特别注意到所使用材料的弹力。为了表彰和纪念，艾菲尔铁塔上刻有 72 位专家的姓名，但竟然没有热尔曼！对于此事，后人曾不平地写道：

> 对一位如此有功于科学并且由于她的成就而在名誉的殿堂中已经获得值得羡慕的地位的人做出这种忘恩负义的事来，那些对此负有责任的人岂不该羞惭愧疚？

五、哲学研究

在从事科学研究的同时，热尔曼对哲学也很感兴趣。她写过两篇关于思维的文章，一篇是《思维的多样性》，另一篇是《思维的一般性》。第一篇写于青年时代，包括当时各自然科学分支的简介，认为数学和物理居于主导地位。她的第二篇哲学论文受到法国著名哲学家孔德的赞扬。文章的核心是：自然科学与人类的动机、方法论及文化是统一的，它们之间没有本质的区别。孔德称赞这篇文章是该领域的一个值得注意的发展，而且很有学者风度。她的哲学论文《论不同时代文化中的科学与文学》则以一种美妙的文学风格，比较全面地阐述了她的哲学观点。

1828 年，她发表了关于弹性的哲学文章，试图用分子论的观点解释弹性。

1829 年，热尔曼患了乳腺癌。但她并没有消沉下去。相反，她忍着疼痛，全力以赴地进行哲学研究，取得了令人瞩目的成就。她探讨了科学与艺术的关系，探讨了人类知识的发展史及社会的本质。她的思想深受孔德实证主义的影响。孔德认为哲学不应以抽象推理而应以“实证”的事实为依据，实际上就是以人感觉到的事物为依据。在热尔曼的文章中，表现出明显的重视感知的倾向。但她也受到笛卡尔学派的影响，认为有规律支配无机界。她相信生物界包括人类自身也是受规律支配的，这些规律可以被发现，被用来预测未来。热尔曼认识到，为了把握事物的规律，应该把复杂的事物简化，排除各种非本质因素，就像莱布尼茨在数学中，拉普拉斯在天文学中，以及朱西厄在生物学中所做的那样。她希望在心理学和社会学领域也这样做。她的哲学强调人的道德与物理世界的统一。她赞成孔德将进步和秩序作为哲学的基本概念，认为哲学家应努力寻求社会安定，寻求社会与个人的和谐。当时，卡文迪什、拉瓦锡等已发现土地、空气和水的组成，朱西厄、布丰和歌德发展了植物分类学说，人们对科学的发展及人类的前景持乐观态度，热尔曼也是这样。

由于热尔曼的早逝，她未能像预计的那样对哲学进行更系统的研究。她终身未婚。死后，哲学作品由侄子赫伯特发表，书名为《索菲·热尔曼的哲学著作》。

在热尔曼的晚年，高斯考虑到她在科学上的杰出贡献，曾建议格丁根大学授予她名誉博士学位。高斯的建议被采纳了。可惜的是，她在即将获得这一荣誉之前，不幸死于乳腺癌。科学研究是热尔曼生命的全部，直到去世前几个月，她仍然孜孜不倦地做学问，不知病魔正在吞噬她的生命。实际上，她一生没有得到任何学位和职务。1831 年 6 月 27 日，她怀着遗憾离开了那个重男轻女的社会，享年 55 岁。死亡证明书上这样记录她的身份："无职业未婚妇女。"她被葬在巴黎的一个公墓里，墓前有一块小石碑。

热尔曼的成就说明她是科学界的一位杰出女性。稍后进入科学界的富兰克林女士称赞她是"法国历史上具有最深刻思想的妇女"。

（作者：孔国平）

埃尔顿

杰出的英国女科学家

赫莎·马克斯·埃尔顿

（Hertha Marks Ayrton，1854—1923）

19世纪60年代，新的工业革命爆发，英国经济迅速发展，随着社会工业化和城市化的日益加剧，社会上对各类职业女性的需求与日俱增。1870年，英国颁布了初等教育法案，即《福斯特教育法》，规定5—10岁的男孩和女孩必须接受基础教育。1899年，强制教育的年龄延长到12岁，这为女子中等及高等教育的发展奠定了坚实的基础。

19世纪，英国爆发了新大学运动，强调实用的科学教育，力图面向全社会培养实用人才，主张不分性别、宗教与政治倾向进行教育。在一批有远见的倡导者的努力下，英国出现了隶属于综合大学、以女子学院为主要形式的高等教育机构。1866年，英国女子高等教育权利运动的先驱——埃米莉·戴维斯策划筹建女子学院。1869年10月16日，英国历史上第一所女子寄宿学院正式成立，第一批学生有5名女生。1873年10月，该学院正式定名为“格顿学院”。剑桥大学格顿学院招收女生，为众多才华出众、勤奋读书的女生接受高等教育提供了机会与舞台，从这里走出来的赫莎·埃尔顿，就是一位杰出而坚强的女科学家。

一、生平述略

赫莎·埃尔顿原名菲比·莎拉·马克斯，1854年4月28日出生在英格兰苏塞克斯郡佩特沃斯市郊的小镇波特西。父亲利瓦伊·马克斯在赫莎 7 岁时去世，她的母亲爱丽丝·特丽萨·马克斯在赫莎的父亲去世 7 个月后，生下了赫莎的妹妹温妮。赫莎是家中第三个孩子，照看妹妹温妮的责任就落在她的身上，直到温妮离世。

赫莎 9 岁时，她的阿姨马里恩·哈托格将其带去伦敦，与她的表兄妹们一起接受教育，赫莎在阿姨全家的帮助下完成了早期教育。哈托格一家人有着极高的天赋，他们为赫莎提供了包括数学、音乐、古代与现代语言等方面的基础教育。阿姨教赫莎音乐，姨父阿方斯·哈托格讲授法语，这为赫莎以后与法国科学界的交往创造了条件。赫莎的表哥纽玛和马库斯都曾在剑桥大学学习。纽玛是赫莎数学和拉丁文的启蒙者。马库斯的自由主义思想深深影响了赫莎。表弟菲利普是一名化学家，1904 年至 1920 年任伦敦大学的教务主任，之后担任孟加拉国达卡大学的副校长。表姐海伦娜是一名出色的艺术家，她曾为赫莎绘制肖像。小表妹塞西尔是一名钢琴家、作曲家。在哈托格一家的影响下，赫莎爱上了数学和艺术，其中绘画成了她晚年的一大爱好。

在英国的维多利亚时代，传统的女学生形象多为乖巧淑女型，但赫莎与此大相径庭，言行举止更像是一个假小子，性格也比较固执，这或许与她父亲早逝、家境贫寒有关。少年早成的赫莎为了贴补家用，求学期间一直做兼职工作，包括家庭教师、刺绣等，这些经历磨炼了她坚强的毅力，也扩大了她的社交圈，成为她日后科学生涯获得成功的因素之一。不过，家庭的重担也影响了她的身体健康和求学经历。

1873 年，赫莎结识了剑桥大学格顿学院的创始人之一——芭芭拉·博迪雄，博迪雄夫人致力于妇女进步运动，尤其关注妇女的教育问题。通过博迪雄夫人，赫莎了解到格顿学院招收女生，促使她决心去格顿学院学习。但因几次生病，直到 1876 年，赫莎在博迪雄夫人的资助下，进入剑桥大学格顿学院，当时格顿学院仅有 25 名学生。1877 年 11 月，她与格顿学院的其他 5 位女生一起参加了被称为“Little Go”的剑桥大学初试，赫莎与其他两位同学同列第一等，这样，赫莎正式进入剑桥大学学习。

赫莎在剑桥大学的第一位数学导师是圣约翰学院的麦克阿里斯特，他是数学荣誉考试优胜者、史密斯数学奖获奖者。赫莎最喜欢的导师则是格雷布鲁克，正是他发掘了赫莎在数学方面的天赋，后来赫莎考取伦敦大学时，格雷布鲁克给予她很大帮助。赫莎与同学组建数学小组，讨论各种各样的数学问题以及解决方法。与此同时，赫莎对应用物理学也产生了兴趣，经常关注《自然》杂志上留声机、麦克风等科学发明。除了学习，赫莎在格顿学院参加了丰富多彩的课外活动，包括合唱团、戏剧表演等，她还和同学组建了一支消防队，并前往伦敦消防队学习经验。后来这支格顿消防队发展起来，并一直保留至今。

1880 年，赫莎参加了在 5 天内进行总计 50 个小时的数学荣誉考试，虽然她通过了考试，但是当时剑桥大学并不向女性授予学位而仅授予证书。1881 年，赫莎顺利通过了伦敦大学的考试，获得了理学学士学位。赫莎离开剑桥大学后，在肯辛顿和温布尔登教书，但她与剑桥大学格顿学院的联系并未就此割断，1886 年—1892 年，赫莎在剑桥大学格顿学院委员会担任学生代表。

1885 年 5 月，赫莎与芬斯伯里学院物理老师威廉·埃尔顿结婚。1886 年，他们的女儿出生了，他们以博迪雄夫人的名字为孩子取名芭芭拉。赫莎剑桥大学毕业时 26 岁，从事学术研究是结婚生子以后，婚后的 20 多年赫莎作为一名家庭妇女从事科研工作。她能在物理、数学等方面取得成就的重要因素，是来自其丈夫威廉的鼎力支持。

威廉·埃尔顿是英格兰的电气工程和物理教育的先锋人物，曾在开尔文勋爵的指导下学习电学。他曾在印度电报部门工作，28 岁时成了那里的电气主管，之后回到英国在大西部铁路线电报部门工作。1873 年威廉受邀前往东京的工部大学校，开设应用电学的课程。在 5 年中，他和约翰·佩里完成了一系列杰出的工作，麦克斯韦对他们的评价是“对欧美在世界电学发展的中心地位起了威胁作用，使之远离欧美指向了日本”。1879 年，威廉·埃尔顿与化学家亨利·阿姆斯特朗创立了城市行业协会学院，该学院是英国的第一家工学院。1884 年，他们又开始着手在南肯辛顿创办英国伦敦城市行业协会学院，后与帝国理工学院合并。他在 1881 年被选为英国皇家学会会员，1901 年获得皇家奖章，1890 年—1892 年担任物理学会会长，1892 年担任电气工程师学会会长。

1923 年 8 月 26 日，饱受病痛折磨的赫莎·埃尔顿去世。赫莎的挚友艾略特·勃朗特向格顿学院捐赠 3000 英镑成立了赫莎·埃尔顿科学奖学金。

二、学术成就

赫莎的学术研究主要包括电弧、沙纹、线段分割器三个方面，这些研究都与实际应用紧密相关，赫莎对这些研究的源起来自于威廉·埃尔顿，也得益于威廉·埃尔顿的帮助。

1. 电弧的研究

1893 年，威廉前往芝加哥参加电气学会议，他的男仆却误将威廉写的文章点火燃尽，而威廉没留下任何底稿。当时在英格兰的赫莎，前往威廉的学校，在威廉的助手和学生们的帮助下继续威廉的实验，并随时将研究进展写信告诉给丈夫。在这个过程中赫莎对电弧产生了浓厚的兴趣，于是她深入细致地研究电弧现象，发现了一系列电弧的重要性质。

1895 年—1896 年间赫莎在《电学家》杂志上发表了 12 篇关于电弧的文章。1902 年，她将这些研究成果整理成《电弧》一书出版。这本书讨论的电弧特性，是 19 世纪以来关于电弧最全面的著作，受到广泛好评，一本德国的杂志高度赞扬了这本书清晰的阐述。《电学家》杂志的编辑特里称《电弧》是赫莎“细心观察与缜密思考的结果”，评价这本书“与其说是关于理论知识不如说是关于应用的”。

19 世纪 90 年代末期，赫莎向英国科学促进会的年会递交了 3 篇关于电弧的文章。1899 年 3 月，赫莎在电气工程师学会的会议上报告了《电弧的嘶嘶声》一文。她是第一位在该学会做报告的女性，同年她被选为该学会的第一位女性会员，直到 1923 年去世，她是唯一的一名正式女性会员。

1899 年，赫莎主持了在伦敦召开的国际妇女大会物理学分会，同年 6 月在英国皇家学会的大会上演示了她的电弧实验。1900 年，在巴黎举行的国际电学大会上赫莎提交了题为《连续电流下的电弧光》的论文。1901 年，约翰·佩里在英国皇家学会宣读了她的文章——《电弧原理》。20 世纪初的十年里，赫莎经常参加英国的电气工程师大会和法国物理学会的会议。1901 年的《英国皇家学会会刊》刊登了赫莎《电弧原理》一文的摘要。1902 年的《英国皇家学会会刊》全文发表了她的这篇文章。20 世纪初，赫莎已然作为电弧方面的专家扬名英国科学界。

2. 沙纹的研究

1901 年赫莎陪伴威廉前往马尔加堡疗养时，开始了对于由水的波浪运动形成沙纹的研究。在她之前已经有人做了这方面研究：达朗贝尔和拉格朗日于 18 世纪建立了波动的数学理论。瑞利勋爵对水槽中的沙纹进行了研究。地质学家亨特提出沙纹形成并非来自于水波浪的边界，而是由于水流退潮时对泥沙的冲击。瑞士水文学者福雷尔研究了决定沙纹的波长的因素，认为波长随着深度的增加而减小。乔治·达尔文为了找出形成海岸上沙纹的确切因素进行了多次实验。

赫莎对于福雷尔、瑞利勋爵、达尔文的工作十分熟悉，回到伦敦后，她投入了沙纹的构造的研究。赫莎构造了一系列大小不一的水槽，开始研究驻波。赫莎认为沙纹的产生与驻波上大小不同的力有关，她使用了铝粉和青铜粉等多种混合物进行实验，最终发现能完全溶于水的黑胡椒粉最为适合，可以指示驻波内上升和下降的力量。赫莎推断沙纹不同的波长是由于水的深浅和泥沙颗粒大小不均造成的。

1904 年 6 月 16 日，赫莎在英国皇家学会报告了她在这方面的一篇文章《沙纹的起源与发展》，而此举也让她成为第一位在英国皇家学会做报告的女性。此文的摘要随后发表在《英国皇家学会会刊》上，全文则发表在 1910 年 10 月的该杂志上。《论驻波中水的非周期和残余运动》一文发表在 1908 年 4 月的《英国皇家学会会刊》上。

赫莎先后于 1904 年 8 月向英国科学协会工程分部、1907 年 6 月向物理学会做了关于沙纹的报告。其后在 1908 年和 1911 年的英国皇家学会就这个题目做了进一步报告。

3. 埃尔顿扇与线段分割器

第一次世界大战期间德国军队将氯气作为毒气投放到英军战壕中，对此赫莎构思了一种可以用来驱散毒气的类似于风扇的装置，后被称为埃尔顿扇。赫莎利用模型，将火柴盒排在一起模拟战壕的矮墙，通过实验，她发现清除战壕中的烟雾比清除防空壕和碉堡中的烟雾更容易。赫莎设计的风扇约一英尺见方，固定在一个“T”形把手上，这种风扇对气体迎面扇动的时候，可产生一个圆柱形的旋涡，将空气送入前方。

赫莎本可以选择继续做这方面的理论研究，然而她毅然选择推广这种风扇，在与陆军部周旋了近两年后，赫莎设法说服了陆军部的电气工程主管沃丁厄姆于 1917 年观看了她的演示实验，沃丁厄姆肯定了这项发明的价值。于是，赫莎设计的埃尔顿扇正式被军方接受并投入生产，超过十万个被投放到西部前线使用。1919 年 10 月，赫莎的论文《驱逐毒气的新方法》在《英国皇家学会会刊》发表。在文中，她解释了使用烟雾模拟毒气的原因、模拟所使用的器具和方法、埃尔顿扇的模型、军用埃尔顿扇的设计、埃尔顿扇的测试结果并分析了埃尔顿扇驱逐毒气的机理。

1885 年，赫莎改进设计了一种结构与伽利略在 1597 年设计的比例规结构相似的线段分割器，利用相似三角形的性质将线段分割为若干等份。经过赫莎改进的线段分割器结构简单、使用方便，由伦敦近郊霍尔本的威廉・史丹利公司生产。这种线段分割器可将线段分为 2—80 之间的任意等份，也可以将不规则图形分为几个部分，并将不规则图形转为规则图形便于求解面积。这些功能对画家作画、温度计刻度的确定、房顶设计、绘制地图、航海图中的测距都有实际应用价值。这个小发明获得了许多好评，1885 年 1 月 22 日的《自然》杂志介绍了线段分割器的工作原理和使用方法，称其是建筑设计师和工程师的实用小工具。

三、社会活动

1. 提名英国皇家学会会员

历史上第一位在英国皇家学会的记录上出现的女性是纽卡斯尔公爵夫人玛格丽特・卡文迪什，她曾前往英国皇家学会参观波义耳和胡克演示的实验。19 世纪中叶，英国皇家学会引入座谈会的形式，由学会主席邀请来宾进行与科学有关的实验演示，1876 年开始有女性被邀请参加。1901 年 5 月，赫莎向英国皇家学会投递了《电弧原理》一文，6 月 20 日，此文的通讯作者佩里教授在英国皇家学会的会议上宣读了赫莎的文章，这是第一次在英国皇家学会宣读由妇女撰写的科学论文。

1902 年 2 月，佩里联合多位皇家学会成员提名赫莎加入英国皇家学会，联名的有天文学家、摄影师阿布尼，物理学家、工程师埃弗雷特，工程师亨里奇，天体物理学家洛克耶爵士[1]，电话电报行业的先锋人物普利斯，物理学家福斯特，化学家蒂尔登，化学家、博物学家梅尔多拉。洛克耶是《自然》杂志的创始人和第一个编辑，他坚定地支持女性加入科学社团。蒂尔登则是女性加入化学学会运动的发起者，1904 年居里夫人入选化学学会外籍会员时正值蒂尔登担任主席。伦敦大学物理学教授福斯特曾积极参与 1860 年开始的“伦敦名媛”教育协会，这个活动促成了 1878 年伦敦大学开始招收女性。

赫莎的候选证明资料中写道：

> 赫莎与《电学家》杂志、《电气工程师学会会刊》、英国科学促进会以及皇家学会的通信可以充分证明赫莎在电弧方面的长期工作，并获得许多新的结论。委员会决定在妇女是否有资格成为候选人这一问题上未取得一致意见之前不宣读赫莎的证明材料。

---

1 洛克耶爵士，即约瑟夫·诺曼·洛克耶，英国天文学家，氦气发现人之一。

这是在英国皇家学会的历史记录上首次有女性被提名，而且是一位已婚女性。针对这种情况，英国皇家学会委员会向律师征询了意见。他们得到的回复如下：

> 经研究决定，已婚女性没有资格当选皇家会员。宪章中是否允许未婚妇女加入皇家学会仍是个疑问。皇家学会章程是建立在只有男性可以加入学会的基础上，即使宪章允许此类选举，在不对皇家学会章程进行修改的情况下，我们认为女性并不可以被选为会员。若女性被选举，她的已婚身份会使得她无资格。在这样的情况下，我们认为若皇家学会希望吸收女性会员，则需要对宪章进行一些补充，而不是直接使用新的学会章程，如果通过这种方式吸收未婚女性作为皇家会员，无疑是对宪章的挑战。

于是，赫莎由于是一名已婚女性，提名成为英国皇家学会会员被拒绝。

1919 年，英国国会颁布《性别取消资格（移除）法令》，禁止特定行业因性别因素和婚姻状况而认为其无资格、无能力胜任该工作，而拒绝其加入该职业。英国皇家学会直到 1925 年才承认该法令。直至 1943 年女性生物化学家斯蒂芬森以及晶体物理学家朗斯代尔被提名并加入英国皇家学会。

2. 获得休斯奖章

休斯奖章是以英国科学家大卫·休斯命名的奖项，旨在表彰那些“在物理学方面有原创性发现，特别是在能源的产生、储藏和应用方面有出色工作”的科学家们，由英国皇家学会每年颁发一次，获奖者能获得一枚镀金的奖章及 1000 镑的奖金。委员会倾向于把奖项颁发给正处于事业中早期的科学家，休斯奖章于 1902 年首次颁发给“在电学方面有着诸多贡献，特别是关于气体放电现象研究”的约瑟夫·约翰·汤姆逊。

1906 年 11 月 30 日，因在电弧和沙纹方面的原创性研究工作，赫莎获得了英国皇家学会颁发的休斯奖章，成为第一位单独获此殊荣的女性[1]。

《自然》杂志对当年的获奖情况做了报道，并指出近期发生的两件事情说明了越来越多的人意识到女性在科学领域的作用，其一是赫莎获得休斯奖章，其二是居里夫人接替去世丈夫的教席，成为在巴黎大学教授物理学课程的第一位妇女。报道评价赫莎与居里夫人拥有完成这类科研工作所必须具备的创新能力，并能独立完成自己的科学研究。英国皇家学会将休斯奖章单独授予赫莎，而不是将她放在一位男性的从属地位，这也证明了英国皇家学会认识到了由女性独立完成的工作的重要性。

有意思的是，英国皇家学会做出拒绝赫莎入会的决定时，担任

1　居里夫人在 1903 年与丈夫皮埃尔·居里分享了英国皇家学会颁发的戴维奖章，成为第一位获得英国皇家学会颁发的奖章的女性。

英国皇家学会会长的是威廉·哈金斯，1906 年英国皇家学会委员会会议上做出授予赫莎休斯奖章的决定后，哈金斯在 11 月 2 日给时任剑桥大学卢卡斯教授和英国皇家学会秘书长的拉莫尔的信中写道：

亲爱的秘书长：

感谢您告诉我这个有些让人感到意外的消息。

这对于那些尚在监狱中的女权主义者而言无疑是天大的好消息。我相信正值成立 30 周年的格顿和纽纳姆学院将为此狂欢整夜。报纸上也将会充斥着各种进步女性撰写的文章。我认为会长先生会亲自邀请赫莎参加晚宴，请她发表讲话。毕竟她是迄今为止唯一获此殊荣的女性，我相信主席先生一定会邀请她，并安排她坐在自己的身边。

今时今日，我们是否还要拒绝这个皇家学会奖章获得者加入皇家学会？

1906 年格顿和纽纳姆学院成立 30 周年的纪念活动与休斯奖章的颁发恰巧同一天举行，时任英国皇家学会会长的瑞利勋爵邀请赫莎参加了休斯奖章颁发后的晚宴。

3. 与居里夫人的交往

居里夫人传记的作者罗伯特·里德对赫莎的评价是：

一位有着极高天赋的不同寻常的女性。有着一双碧绿的眼睛和一头浓密黑卷发的苗条女子……作为一位刚刚失去了物理学家丈夫的女物理学家，赫莎与居里夫人有着天然的联系。不论何时到巴黎，赫莎都会去拜访居里夫人，与她讨论自己的工作。

作为一名杰出的女科学家，赫莎和居里夫人有着长期的亲密交往。1903 年 6 月皮埃尔・居里在英国皇家学会做关于镭的发现的报告时，一同前往的居里夫人结识了以埃尔顿夫人身份出席活动的赫莎。居里夫妇逗留英国期间曾受邀到埃尔顿夫妇家做客，居里夫人与赫莎遂成为好友，友谊持续终生。居里夫人曾对赫莎说："我深受你的影响，因为你总能让人感觉到希望就在前方。"

这两位从事科学工作的女性有着众多的共同点，她们都有两个女儿和强烈支持她们的丈夫，居里夫人是波兰人，赫莎是犹太人。赫莎被英国皇家学会拒绝，而居里夫人也有着相似经历，曾被法国科学院拒之门外。

1911 年春天，赫莎前往巴黎，向物理学会介绍她在沙纹方面的研究工作。其间，赫莎与居里夫人多次见面，并去居里夫人家做客。赫莎邀请居里夫人和她的两个女儿到英国做客。其后，赫莎与居里夫人一直保持着通信，互相鼓励。1911 年末，与朗之万的绯闻几乎击垮了已经 44 岁的居里夫人，在得知居里夫人的病情后，赫莎与居里夫人的姐姐博洛尼亚联系，询问居里夫人的近况。赫莎极力邀请居里夫人来英国，并对她们的行程做了详细的计划，1913 年 7 月，居里夫人以斯科洛夫斯卡夫人的名义渡过英吉利海峡，在汉普顿与赫莎母女碰头，赫莎母女和居里母女相处十分愉快，居里夫人和伊蕾娜在一起写英文诗，几个月来一直病恹恹的艾芙身体也有了好转。在英国期间，没有任何媒体知道居里夫人的英国之行，赫莎为居里夫人母女提供了平静的生活。

对待政治问题，赫莎与居里夫人有着截然不同的态度，赫莎积极投身到妇女参政活动中，而居里夫人则与这种活动保持距离。尽管如此，她们对于对方的选择仍十分理解。赫莎曾表示自己或许应该像居里夫人一样专注于自己的科学研究工作。居里夫人对英国妇女因参政运动被关押在监狱中表示极大的同情。一向谨慎的居里夫人在 1912 年春天给赫莎的信中表示自己对于英国妇女在参政运动中为了女性的权利所作的斗争十分感动，而且告诉赫莎可以在请愿书上加上她的名字，因为她相信赫莎的判断，并衷心希望妇女参政运动获得成功。

皮埃尔·居里去世时，许多英国的报纸报道此消息时称其为镭的发现者而只字不提居里夫人，赫莎对此进行了反击，解释道“错误本身很难纠正，然而将一位女性的工作归功到男性身上的错误就像猫一样一次次逃脱被消灭的境遇”。

4. 参加女性主义运动

赫莎晚年正值女性主义运动第一次浪潮，在 1906 年—1913 年间她致力于女性主义社会活动，她和女儿芭芭拉参加了很多争取妇女参政活动的集会，成为英国妇女社会政治联盟的活跃分子。虽然赫莎本人未曾公开表示，可是她已经意识到她身上承载着“女科学家”的责任，需要为科学界的女性们创造更宽广的未来。1912 年，赫莎成为由女子开设的儿童医院的副主席。1918 年，筹建了国家科学工作者联盟[1]。1919年，作为英国大学妇女联合会副主席的赫莎帮助筹建了国际大学妇女联合会[2]。

四、结语

赫莎是 19 世纪末英国杰出的女科学家，涉猎物理和数学领域，是电弧方面的专家。尽管由于已婚妇女的身份，赫莎被英国皇家学会拒绝加入，但因为电弧和沙纹方面的原创性工作，赫莎成为第一位单独获得英国皇家学会颁发的休斯奖章的女性，这无疑是对其科研工作的肯定。赫莎具有高尚的道德素养，她努力推广埃尔顿扇，努力减少一战中士兵因毒气受到的伤害。作为一名维多利亚时代的女性，赫莎在进行科学研究的过程中受到了各种歧视，一生饱受偏见，类似的经历让坚强的赫莎与居里夫人惺惺相惜，她以孱弱的身体努力争取男女平等，并为之做出了努力。

作为物理学家、工程师，赫莎有着旺盛的精力、过人的胆识和很高的天赋，赫莎接受了良好的教育，先后得到了哈托格一家提供的启蒙教育、博迪雄夫人的资助、丈夫的理解和居里夫人等朋友们的支持。赫莎在经营一份平静的家庭生活的同时坚持着科学研究，

1　国家科学工作者联盟，是英国科学工作者的联盟，成员包括多位诺贝尔奖得主，成立于 1918 年，1927 年更名为科学工作者协会。

2　国际大学妇女联合会，1919 年成立，旨在增进国际大学妇女之间的了解和友谊，促进教育事业的发展。

对科学的热情一直持续到晚年。赫莎年轻时将“凡事要检验，善美要坚守”这句话作为自己的座右铭，这一准则也贯穿了她人生的始终。

（作者：尹晓冬　王　志）

哈密尔顿

美国职业卫生之母

爱丽丝·哈密尔顿

（Alice Hamilton，1869—1970）

19世纪末，美国已成为了世界上最重要的工业化国家，工业化的发展在给社会带来巨大财富的同时，也产生了大量的职业安全和健康问题，产业工人将面对着很多与工作相关的伤害和疾病。从事那些危险行业的工人更是面对着严重的职业危险性，他们在工作场所每天呼吸着有毒有害的烟尘或烟气、穿着沾满有毒有害物质的衣服，职业中毒的情况经常发生，但当时美国政府对这种危险的工作环境却很少监管。20世纪初期，美国的改革者兴起了一场齐心协力改进工业文明负面影响、改善产业工人职业卫生与安全的运动。爱丽丝·哈密尔顿是这场运动最卓越的领导者之一，她亲自到工厂观察工人作业条件并证明工人所患疾病与其所从事的职业有害物质的相关性。她还明确提出建议，消除不卫生的工作环境因素，为美国职业安全卫生体系的建立与发展做出了极大的贡献，被公认为是"美国职业卫生之母"。

一、生平述略

爱丽丝·哈密尔顿1869年2月27日出生于印第安纳州韦恩堡一个注重慈善和教育的富裕家庭，她在家里的五个孩子中排行第二。她的父亲从普林斯顿大学毕业，酷爱古典文学，但家里却安排他做了一个商人。她的母亲也成长于富裕的家庭，受到了良好的教育，认为爱心、知识与信仰，是家庭给孩子最好的三样礼物，鼓励孩子们去追求自己的理想。

哈密尔顿在17岁之前没有到当地的公立学校接受教育，而是按家庭教育方案在家里接受教育。在家里她学习了她父母认为最重要的语言、文学和世界史等科目，仅语言科目就学习了英语、法语、德语和拉丁语。按哈密尔顿家族的传统，哈密尔顿在1886年被送到位于康涅狄格州法明顿的波特女子学校学习了两年。波特女子学校由教育改革家莎拉·波特于1843年创办，是一所私立女子大学预科学校，开设的课程十分丰富，每个学生都可以根据自身的喜好和特长来选择课程。哈密尔顿在波特女子学校选修了拉丁语、希腊语、德语等课程。在波特女子学校学习的两年，虽然对她未来从事的医学职业没有提供学术上的准备，但给了她最好的品格教育，教育她正直、自制、坚强，尊重知识与热爱生活，这些成为她日后科学生涯获得成功的因素之一。

哈密尔顿在波特女子学校学习期间，决定要进入医学院学医，成为一名医生，她曾说："作为一名医生，我能去我愿意去的任何地方，无论是遥远的岛屿还是城市的贫民窟，同时也可以肯定我在任何地方都是有用的。"她的家人都反对她的选择，因为当时医生这个职业还没有成为受人尊敬的职业，但哈密尔顿努力说服了她父亲，相信她选择这个职业是认真的。1888年她在波特女子学校完成学业回到韦恩堡后，为弥补自己科学知识的欠缺，跟着韦恩堡中学教师学习了物理和化学。1890年哈密尔顿进入韦恩堡医学院，学习了生物学、解剖学等课程，完成了医学预科教育，1892年转学到密歇根大学医学院。密歇根大学医学院是美国领先的医学院校之一，它不仅强调临床和实验教学，也注重严格的科学研究训练。哈密尔顿在密歇根大学只学习了三个学期，由于成绩优异，在 1893 年底被准予提前毕业，并授予医学学位。随后她到位于明尼苏达州明尼阿波利斯市的西北妇幼医院实习 2 个月，进而又到更有名望的位于马萨诸塞州波士顿的新英格兰妇幼医院实习了 9 个月。通过医院实习，哈密尔顿发现自己不适合从事临床医学工作，而是喜欢从事基础医学的研究工作。在密歇根大学老师的劝告下，1895 年秋天哈密尔顿来到德国学习细菌学和病理学。但当时德国的大学不允许妇女入学，经争取最终莱比锡大学和慕尼黑大学允许她旁听课程，但要求她隐匿在男生当中别被发现。1896 年秋天她回到了美国，她又在约翰斯·霍普金斯大学攻读研究生，在年轻病理学家西蒙·弗莱克斯纳的指导下，进行了一年的病理学研究工作。

1897 年哈密尔顿完成约翰斯·霍普金斯大学的学业之后，在位于伊利诺伊州芝加哥的西北大学女子医学院找到了第一份工作，任病理学教师。哈密尔顿接受这份工作不仅仅因为使她有了一份取得薪水的工作，更重要的是使她有了作为志愿者在赫尔馆生活的机会。赫尔馆是美国著名的社会服务机构，由美国社会改革家劳拉·简·亚当斯和埃伦·盖茨·斯塔尔于 1889 年在芝加哥创立，主要为移民和其他贫民提供帮助。同年哈密尔顿入住赫尔馆，并在那里生活了 22 年。在赫尔馆居住期间，她白天在医学院进行教学工作，在晚上和周末参加赫尔馆的社会服务工作。她建立了一个健康儿童诊所，为附近家庭 8 岁以下的孩子提供援助，为贫穷的移民开设了卫生教育学习班。

1902 年西北大学女子医学院关闭，哈密尔顿以细菌学家的身份，到刚成立的芝加哥传染病纪念研究所工作。1902 年秋天，一场伤寒病袭击了芝加哥，赫尔馆成了重灾区的中心。哈密尔顿应用她的医学知识发现了赫尔馆周边社区伤寒高发的原因。通过对这场伤寒病的调查，哈密尔顿开始关注公共卫生问题。在随后的肺结核病因的研究中，她确认不卫生的作业条件和每天 14 小时工作后的疲劳是贫穷工人对疾病抵抗力减弱的因素之一，这是她把职业和疾病联系起来的一个早期的案例。

哈密尔顿由于生活在贫穷的工人社区，使得她对工人每天面对的问题越来越感兴趣，特别是职业伤害和职业病。1907 年哈密尔顿阅读了英国工业卫生学家托马斯·奥利弗爵士在 1902 年编辑出版的著作《危险行业》，这本书详细记录了车间的毒物和其他危害。《危险行业》的内容引起了她强烈的共鸣，于是她开始对职业病方面的科学文献进行详细研究。哈密尔顿在欧洲的文献中发现了很多关于各种职业病及其控制方面的研究，这些研究有很重要的意义，同时她发现美国医学界对此研究得却非常少，发表的有关工业中毒的文章更是屈指可数，这促使她开始了围绕美国工业卫生条件的研究工作。1908 年 9 月哈密尔顿在美国《慈善组织与平民》杂志发表了她的第一篇关于职业病方面的文章，这也是美国研究妇女职业病的第一篇论文。

1908 年 12 月伊利诺伊州州长查尔斯·迪尼恩组建了伊利诺伊州职业病委员会，也被称为“迪尼恩委员会”，芝加哥大学社会学教授亨德森被任命为委员会主席，哈密尔顿成为委员会成员。一年之后，伊利诺伊州议会同意资助一个为期 9 个月的职业病调查。职业病委员会决定由哈密尔顿负责领导一个由医师、医科学生、社会工作者等 23 人组成的调查团队，进行这次美国历史上的首次工业职业病调查。哈密尔顿领导调查队详细调查了伊利诺伊州使用铅、砷、黄铜、一氧化碳、氰化物和松节油等物的工作场所，她本人主要集中于铅暴露的调查。

1912 年哈密尔顿接受美国劳工局局长查尔斯・尼尔的邀请，成为美国劳工统计局的职业病特别调查员，从此再没有回到芝加哥传染病纪念研究所的实验室里。作为职业病特别调查员，政府并不发给她工资，只是最后购买她的调查报告。她接受了这个工作，部分原因是它是一项科学工作，但很大程度上是因为它对人类的健康是实用的。在随后的近 10 年当中，哈密尔顿在全国范围内调查了铅和其他毒物的职业中毒情况，这些工作不仅直接促使产业界提升了工业卫生标准，也促使联邦政府确实相信引入工人伤害赔偿是必要的。1913 年劳工统计局新任局长洛雅尔・米克（1913 年劳工局改名为劳工统计局），他赞扬了哈密尔顿的工作："由联邦劳工局进行的铅中毒研究已经促使一些铅涂料、陶器、瓷砖和蓄电池的制造商消除或改变了一些最危险的工艺过程，这使工人不再遭受铅中毒的危害。"

1918 年哈佛大学医学院创立了工业卫生系，时任哈佛医学院院长的戴维・埃兹尔向哈佛大学校长推荐哈密尔顿，认为哈密尔顿的研究工作"毫无疑问，无论从广度还是深度，在国内同行中是无人可比的”。1919 年 3 月，哈密尔顿被哈佛大学聘为工业卫生系的助理教授，讲授工业医学，成为哈佛大学历史上的第一位女教师。当时哈佛大学对女性还存在歧视，不招收女生，对哈密尔顿也提出了三条歧视性约定：不能进入教师俱乐部、不能得到足球票、不能参加毕业典礼。哈密尔顿则要求每年仅在秋季学期进行教学，春季学期继续进行她的职业病现场调查工作，同时还要定期回赫尔馆生活一段时间。可能这种工作安排，使得她在哈佛大学一直到退休也没有升职，始终担任助理教授。哈密尔顿的任命在当时是一个大新闻，全国多家报纸进行了报道和评论。《纽约论坛报》以醒目的头条新闻《哈佛教师中的女性——最后的城堡倒塌了——女性得到了应有的承认》进行了报道。在哈佛大学工作期间，哈密尔顿的研究主要集中于工业毒理学领域，1925 年哈密尔顿出版了美国第一本毒理学教材《美国的工业毒物》，1934 年出版了《工业毒理学》专著。

哈密尔顿的工作也得到国际的认同，从 1924 年开始，哈密尔顿作为唯一女性委员，为国际联盟卫生委员会服务了 6 年。1924 年哈密尔顿应苏联公共卫生部的邀请，利用六周的时间调查了苏联工业医学的进展情况。

1935 年 1 月，哈密尔顿以“荣誉退休教授”身份从哈佛大学退休。她退休之后，移居康涅狄格州哈德莱姆，继续担任劳工部劳工标准部门的兼职医学顾问。她在 1937 年—1938 年对人造丝生产行业进行了调查，在 1937 年—1943 年期间为宾夕法尼亚女子医学院开设工业毒理学讲座。

哈密尔顿一生没有结婚，她把一生的爱献给了所追求的事业，为州和联邦政府提供了超过80篇的危险行业调查报告，这些报告促进了美国州政府和联邦政府的职业安全健康立法。哈密尔顿在多年的职业病调查中，借鉴欧洲的职业卫生经验，发展了自己独创的“现场流行病学”方法，创立了美国的工业卫生和工业毒理学学科。1970年9月22日去世，享年101岁。

二、探索工业毒物

职业卫生学科起源于欧洲，随着工业革命的爆发得到了不断的发展。在20世纪初期，美国的职业卫生研究明显落后于欧洲，由于当时对职业病研究得很少，也使得劳资双方对工作场所中化学品的危险性是不了解的，也很少有工厂雇佣医生监控工人的健康，对工人的健康和安全漠不关心，以至于1910年9月在比利时布鲁塞尔召开的第二届国际职业病大会上，一名比利时代表发言说：“众所周知，在美国没有工业卫生。”

20世纪早期铅是在工业中应用最为广泛的有毒化学品，爱丽丝·哈密尔顿对职业卫生的研究在1910年调查伊利诺伊州工业行业中铅中毒状况时就开始了，这使她成为美国对职业病进行系统研究的第一人。

铅中毒是世界上最早被发现和最为人所知的职业病之一。意大利医学家、史学界公认的职业卫生开创者拉马齐尼，深入各地调查访问，观察各种行业工人的工作情况和健康状态，在1700年出版的《论手工业者的疾病》中详细描述了陶器工和油漆工的铅中毒状况。英国医生查尔斯·萨克拉在1832年描述了水管工人、铅白制造工、房屋油漆工、纸张染色工和陶器工的慢性职业铅中毒状况。托马斯·莱格爵士在 1898 年成为英国的第一个工厂医学检查员，强调工业铅中毒的原因“几乎完全是由于铅尘和铅烟”。美国在 17 世纪、18 世纪对陶器、白镴（锡铅合金）和铅粒制造以及铅冶炼等行业中的铅中毒案例已有记录。随着美国落基山脉诸州铅矿床的发现，在 19 世纪下半叶铅中毒案例大量增加。人们对铅的危害在 19 世纪已经很清楚了，但直到哈密尔顿进行铅暴露调查之前，在美国很少有人关注铅中毒的预防与控制。由于当时还没有可靠的诊断铅中毒的检测方法，哈密尔顿主要利用自己确定的一个严格标准，来确诊铅中毒病例，就是病人必须有齿龈铅线。哈密尔顿使用的主要调查方法有访谈、医院记录和直接观察。哈密尔顿每次在进入调查现场之前，先学习该产业的工艺技术，然后在现场详细观察所有的工艺工程，仔细检查医院和药房的记录；如果需要的话，进一步在工人家里或工会大厅，有时是在酒吧，访谈工人和工会领导人。最终形成了自己独特的“现场流行病学”调查方法：对工厂进行彻底的现场检查，寻找疾病与特定工业过程的相关性，汇编医院确诊的中毒病例。

哈密尔顿对卫生洁具上釉作业的铅暴露调查是从一个病例开始的。哈密尔顿在亚历山兄弟医院发现一个腹绞痛并且双腕下垂的病人，该病人说在一家卫生洁具工厂上班，工作是给浴盆上釉。但哈密尔顿在英国和德国的铅中毒病例文献中并没有发现从事这种工作的，她当时也不知道这是一个使用铅的行业。哈密尔顿于是去了芝加哥西边地区一家卫生洁具工厂，工厂管理人员向她保证所用的瓷漆中都没有使用铅，并邀请她检查了生产车间，看到车间有 6 名工人正使用瓷漆给金属浴盆涂装。她记下了瓷漆的名称，又去了生产该瓷漆的工厂，同样也被告知瓷漆不含铅。哈密尔顿感到很困惑，她又去拜访那个病人，得知她调查的工作岗位并不是上釉的操作。她觉得自己是无知的，不知道什么是上釉作业。最后又在芝加哥西北地区找到了一家工厂，发现了上釉的操作工序。上釉的操作是把搪瓷釉粉撒在灼热的浴盆上，搪瓷釉在浴盆熔化，流过浴盆表面，制成搪瓷釉面。她发现车间空气中充满了搪瓷釉粉尘，在这粉尘中可能富含铅的氧化物。她从工人那里得到了搪瓷釉粉的样品，随后咨询了 13 位化学家，证明搪瓷釉粉中含有 20% 的可溶铅，这种可溶铅可在胃中溶解。最终，哈密尔顿确定美国卫生洁具工厂的上釉作业是一个危险的铅暴露职业。

哈密尔顿先后访问了 304 家工厂，差不多是伊利诺伊州所有使用铅的工作场所，调查发现了此前未被工业界和政府部门识别及更多关注的使用铅的行业和职业，发现了 77 个可引起工人铅中毒的工业过程，找到了 3 年内发生的 578 例铅中毒病例，第一次发现涂装作业是一个铅暴露职业。哈密尔顿及其领导的调查团队所做的工作是美国公众理解工作与健康关系的转折点。1910 年 6 月哈密尔顿在美国第一届全国工业疾病会议上报告了她对伊利诺伊州工业铅中毒的研究结果，这个研究结果具有里程碑意义，这个报告指出在铅冶炼和铅白制造行业中铅中毒是高风险的，同时在涂装行业也存在大量的铅中毒现象。“在很多地方铅白制造被认为如果不是最危险的行业，也是最危险的行业之一。在美国比在欧洲更加危险……当然，涂装行业是声名狼藉的涉铅行业，几乎在每个医院或诊所中铅中毒病例大多数是来自涂装工人。”从此人们不再争论铅白是不是一种毒物。1911 年 1 月哈密尔顿把调查报告提交给州长，报告证明了职业与疾病之间的相关性，同时提出了为从事危险职业的工人提供防护措施并定期进行体检的建议，这个调查报告使得几个月后伊利诺伊州通过了《伊利诺伊州职业病法》，其建议也被采纳。随后，哈密尔顿写了大量的文章，发表在通俗的、政府的和专业的报刊上，宣传铅中毒是一个现实和严重的医学问题。

1912 年哈密尔顿担任美国劳工统计局的职业病特别调查员后，首先调查了美国全国的铅白制造行业。她基于在伊利诺伊州的调查经验，通过寻找铅尘和铅烟，利用她的“现场流行病学”方法，调查了美国知名的 25 家铅白生产企业中的 23 家，发现了在 1910 年 1 月至 1911 年 4 月期间发生的 358 例铅中毒病例，其中 16 例是致命的病例。哈密尔顿并不满足于发现和记录职业暴露的情况，她还亲自与工人、企业的管理者、企业主沟通，努力说服他们，控制这些职业暴露，同时她对每家企业如何改进工人作业条件都给出了具体的建议。当时无论是医生还是工厂管理者都认为铅中毒主要是由于工人没有充分地洗手而导致铅被摄入，只要保持双手干净就能预防工业铅中毒。但哈密尔顿发现呼吸铅尘和铅烟是铅中毒的主要原因，预防铅中毒的措施就是防止产生铅尘和铅烟，保持工作场所空气清洁。哈密尔顿努力说服他们：“过去 30 年的研究表明铅进入人体是通过吸入或吞咽，而不是通过皮肤吸收。”“即使工人每天不洗手，一天也只会在三餐时吸入铅，但他每分钟呼吸 16 次，无论多么经常洗干净他的双手，当空气中含有铅时，他都会吸入体内。”预防铅中毒的基本原则就是要预防铅尘和铅烟以任何形式进入鼻子和口腔中。很多企业如位于伊利诺伊州的国家铅业公司等接受了哈密尔顿的观点，给工人配备了呼吸器，免费为工人洗衣服，鼓励工人在吃饭前用肥皂和温水洗脸和双手，下班后淋浴洗澡。

1913 年哈密尔顿在提交给劳工统计局《涂装行业的卫生》的报告中，提出使用铅涂料的危险主要来源于空气中的涂料粉尘和粘在手上的涂料在吃饭或吸烟时被带进嘴里。在涂装行业，应全面禁止在室内使用铅涂料。1914 年美国涂料制造业协会鼓励开发“卫生无铅”涂料，1929 年美国公共卫生协会工业卫生委员会铅中毒分会推荐用锌钡白代替铅白。1914 年 6 月哈密尔顿在《美国公共卫生杂志》发表论文，概括了工业铅中毒的证据，同时更重要的是这篇文章是一个行动倡议，呼吁医生们要对工人的健康负起责任，离开舒适的办公室去观察他们的病人的工作过程，去了解工作场所职业暴露的真相。

1914 年第一次世界大战的爆发使得与战争相关产业迅速发展，因为需要大量的炸药，生产 TNT、苦味酸和雷酸汞等化学品的工厂迅速增加，这也带来了新的关注点。哈密尔顿开始调查军火产业。由于军火工厂的保密性，哈密尔顿不得不亲自去发现这些工厂位于何处、生产何种产品。比如，由于对炸药苦味酸的调查使她来到了新泽西州的沼泽地，她或循着化学工厂特有的烟气，或通过发现穿着沾满橙色和黄色颜料衣服的工人，搜寻到工厂所处的位置。哈密尔顿的关于军火工业危险性的报告使得很多安全规程被相关工厂采用。在战争期间，哈密尔顿没有特别突出地去抗议战争，而是把主要精力放在了有关工人福祉的事情上，持续地进行她的调查工作。她把揭露职业危害、建立防护标准、撰写调查报告作为一种爱国的责任、一种真正的“战争”，然而这种“战争”没有一般战争的破坏性，而是造福人类健康的。哈密尔顿为了她的调查工作，有时不得不做一些非常危险的事。1919 年，已是 50 岁的哈密尔顿调查了位于亚利桑那州的铜矿。在铜矿，她或是沿陡峭的爬梯进入黑暗的矿洞，或是四肢着地爬过低矮的洞穴，或是小心谨慎地越过横跨在深深的矿石坑上的铁轨。

在工业卫生专家、医生、企业主开始采取措施，保护工人免受铅中毒危害的时候，一个更具破坏性的危险出现了。铅化合物——四乙基铅作为汽油抗爆剂于 1921 年 12 月在美国通用汽车公司戴顿实验室实验成功，添加了少量四乙基铅的汽油（含铅汽油）辛烷值抗爆性明显改善，四乙基铅一时被誉为“上帝的礼物”。1924 年 10 月标准石油公司的新泽西工厂在总共 49 名工人中，有 5 名工人因铅中毒死亡，35 人出现严重的有机铅中毒的神经系统症状。在美国公共卫生局局长休·卡明呼吁下，1925 年 5 月 20 日在华盛顿召开会议，组织工业、劳工、公共卫生等方面的专家评估四乙基铅的状况。参会人员分成了观点对立的两派，来自产业、化学和工程界的人员认为不能允许像工业中毒这样的小事情阻碍了巨大的工业进步，而卫生专家则持反对的观点，认为首先考虑的应是公民的健康。哈密尔顿同意卫生专家的观点，认为四乙基铅带来的环境卫生问题将会比职业卫生和安全问题更加严重，没有任何有效的措施能保护公众免除含铅汽油普遍使用后带来的危害。她说道："你可以控制一个工厂内部环境，但是你如何控制一个国家的环境？"会后，哈密尔顿继续发表评论："我不相信使用含铅汽油是安全的，还没有一个涉铅行业，即使在最严格的控制下，认为永远没有所有危险。凡是有铅的地方，即使在最严格的监管下，铅中毒的案例也迟早会发生。"40 年后加州理工学院地球化学家克莱尔·卡梅伦·帕特森给出了四乙基铅对大气环境污染的证据，证实了哈密尔顿观点的正确性。美国国家环境保护局于 1973 年宣布将逐步淘汰含铅汽油，最终于 1986 年美国停止使用含铅汽油。

镭的发现是科学史上又一件影响深远的大事，但镭辐射对人体的伤害却迟迟未得到认识。在揭露镭中毒的过程中，哈密尔顿起到了关键作用。美国镭业公司 1917 年开始用含镭的夜光涂料生产各种仪器的夜光表盘和夜光手表盘。公司雇用的表盘涂布女工大多是不足 20 岁的少女，后被称为"镭女孩"，她们把含镭的夜光涂料用驼毛画笔小心涂在表盘的数字和指针上。最致命的环节是每涂完几块表盘，驼毛笔就会分叉变形，姑娘们需按照监工的指导，用嘴唇和舌头舔润笔尖来保持锋锐，相当于一天数十次"镭从口入"。在 1921 年冬天开始有女工患病，出现恶性贫血、牙齿脱落、颌骨坏死等病症，随后有几名女工死亡。新泽西州的劳工部对工厂进行了一次检查，没有发现工厂违反法律，在涂料中也没有发现已知的危险化合物。1924 年 4 月哈佛大学公共卫生学院生理学教授塞西尔·肯特·德林克与两名同事在美国镭业公司的要求下，对镭业公司进行调查，发现所有工人都是发光的，从头发、脸、手、胳膊到衣服等都是发光的。从工厂收集的粉尘是发光的并具有轻微的放射性。他们让几只猫吸入粉末状的发光涂料，随后发现镭沉积在猫的骨骼上。因为过量的 X 射线照射可导致下巴坏死，塞西尔·肯特·德林克认为是镭引起了表盘涂布女工的“下巴腐烂”。1924 年 6 月塞西尔·肯特·德林克把调查报告反馈给美国镭业公司，但美国镭业公司不认可这个结论，同时也不让公开。在哈密尔顿的劝说下，1925 年 8 月塞西尔·肯特·德林克公开出版了他的调查数据和结果。但这个结果并没有真正确定镭是表盘涂布女工所患疾病的根本原因。1925 年 10 月埃塞克斯郡法医哈里森·马特兰德博士通过解剖死者的尸体，确定表盘涂布女工所患疾病为职业中毒，即镭中毒。但是哥伦比亚大学工业卫生系弗雷德里克·弗林在 1926 年 12 月在《美国医学会杂志》发文，认为在发光表盘的涂布过程中不存在工业危害，涂布女工所患疾病可能是梅毒、溃疡膜性咽喉炎或细菌感染引起的。1927 年 5 月弗雷德里克·弗林又发表第二篇论文，认为镭如果不是导致女工所患疾病的主要原因，就是部分原因。哈密尔顿和新泽西州消费者联盟做了些调查，发现弗雷德里克·弗林被美国镭业公司雇用，作为顾问为美国镭业公司服务。哈密尔顿对弗雷德里克·弗林进行反击，首先给他在哥伦比亚大学的上级写信，以试探和暗示的口吻，说她对弗雷德里克·弗林漂浮不定的研究结论感到非常困惑，对他继续与美国镭业公司保持雇用关系是不理解的。弗雷德里克·弗林回信说，他对这个问题还在研究，发现现在下结论还为时过早。哈密尔顿用严厉的口吻回复，敦促他非常认真地考虑所下的结论，她警告：“你是个年轻人，在你的科学职业生涯刚开始的时候，应该小心，不要疏远，也不要引起在你从事的领域比你年长且更杰出的人们的怀疑，这不是一个不重要的问题……如果你打算继续你的科学工作，我想你应该承认人们心中对你严重的疑惑，甚至怀疑，这些人的善意和谅解对你应该是重要的。”哈密尔顿的警告起到一些效果，1928 年弗雷德里克·弗林发表第三篇论文承认“放射材料是那些麻烦的根源”。

1935 年 1 月哈密尔顿从哈佛大学退休后，又返回劳工部，担任劳工标准部门的兼职医学顾问。作为顾问，她进行调查、提供建议、参加会议、在听证会上作证并提示劳工部关注被忽视的问题。这期间她最重要的一项工作是参与粘胶人造丝制造业中毒物的研究。粘胶人造丝制造过程中使用危险化学品二硫化碳，二硫化碳为全身性毒物，可累及心血管系统、神经系统、生殖系统、内分泌系统和视觉系统等，属于高毒物品。她第一次接触到二硫化碳是在 1914 年，发现了在硫化橡胶生产中发生的二硫化碳中毒病例。但是，尽管她积极努力，同时欧洲也有相当多的病例报道，但在美国并没有引起多少关注，始终没有对二硫化碳进行系统的调查。当哈密尔顿收到粘胶人造丝工人有严重疾病的报告后，她非常担忧。她说服劳工部，于 1937 年在宾夕法尼亚州开始调查，随后把调查工作扩展到了其他九个州，调查报告《粘胶人造丝工业的职业中毒》在 1940 年由美国劳工标准部门出版。

哈密尔顿通过不知疲倦的努力，以她的非权力领导力，带领她的团队，调查工厂工人作业条件，识别工业装置中有毒材料的职业暴露，研究危险化学品对人类的影响，使政府和工业界转向对一些化学品的毒性效应进行关注，包括铅、苯胺染料、一氧化碳、汞、四乙基铅、镭、苯、人造丝生产中二硫化碳、硫化氢等，使数以千计的人得到了安全的作业条件。由于她的工作，1937 年美国通过新的法律要求对职业病给予补偿，1970 年在她去世 3 个月后，美国国会通过了《职业安全卫生法》。

三、参与社会活动

1895 年春天，哈密尔顿在即将去德国学习之前，在韦恩堡的卫理公会聆听了劳拉·简·亚当斯女士的演讲，大受感动。亚当斯谈到了坐落在芝加哥的赫尔馆，使她下决心要加入亚当斯的团队，成为赫尔馆的一个居民。

第一次世界大战的爆发，改变了哈密尔顿的人生轨迹，在致力于职业病调查工作的同时，也开始活跃于维护妇女权利及和平运动中。1915 年 4 月在亚当斯的带领下，哈密尔顿和大约 50 名美国人参加了在荷兰海牙召开的国际妇女大会。来自交战国和中立国的 1100 多名妇女代表呼吁由中立国在交战双方之间调解，通过谈判结束第一次世界大战。1919 年 5 月哈密尔顿再次返回欧洲，参加在瑞士苏黎世召开的国际妇女大会。会议谴责了《凡尔赛条约》，预测它将会在欧洲族群间产生冲突，这将导致未来的战争。会议代表们还呼吁立即为数百万正在挨饿的欧洲人配送食物。会后，哈密尔顿调查了战败国德国战后的饥荒。哈密尔顿看到了战争给人民带来的苦难之后，使得她在第一次世界大战后近 20 年内保持着反战的态度。但在 1932 年和 1938 年两次对德国的访问，目击了纳粹的暴政和反犹太主义，使她的观点慢慢地发生了改变。在第二次世界大战爆发后，她支持美国加入这场世界反法西斯的战争。

哈密尔顿一生当中为追求社会的公平正义，多次对有争议的社会问题大声呼吁。20 世纪 20 年代，哈密尔顿卷入了萨科—万泽蒂事件。萨科和万泽蒂案件是美国司法史上的著名冤案，在世界范围内引起巨大的抗议浪潮。为使萨科和万泽蒂能得到公正的判决，哈密尔顿四处奔走，大声呼吁。为使萨科和万泽蒂能被缓期执行，1927 年 8 月 22 日哈密尔顿和其他 5 位著名人士面见马萨诸塞州州长，但努力最终失败了，第 2 天得知萨科和万泽蒂被处决。

二战以后，哈密尔顿越来越多地担心美国与苏联的冷战冲突会威胁到国内公民的自由，于是她无数次签名请愿、给国会议员写信、给当地的报纸写文章、参加集会活动，致力于保护公民自由权利。1951 年罗森堡夫妇因原子弹间谍案被判处死刑，哈密尔顿签名上书，力劝杜鲁门总统改变对罗森堡夫妇的死刑判决。哈密尔顿反对 1952 年的《移民与国籍法案》(亦称《麦卡伦—沃尔特法案》)，因该法案授权司法部驱逐认为从事破坏活动的移民和已入籍公民出境。她在 20 世纪 50 年代抗议麦卡锡主义，还倡议承认中华人民共和国。在 20 世纪 60 年代抗议美国参与越南战争，1963 年发表了给肯尼迪总统的公开信，请求尽快从越南撤军。

四、崇高的荣誉

哈密尔顿因对预防职业病和改善工人健康方面的贡献，生前身后获得了多个奖励和荣誉。1947 年，她获得“拉斯克公共服务奖”。

1948年她的母校密歇根大学授予她荣誉博士学位。1953年她被美国职业与环境医学会授予“克努森职业与环境医学终身成就奖”，这是美国在职业与环境医学领域的最高荣誉。1973年哈密尔顿入选美国国家妇女名人馆。1995年为纪念哈密尔顿对公共卫生的杰出贡献，美国发行了纪念邮票。2002年9月21日美国化学会把她开创性的工业毒理学成就指定为美国国家历史化学地标。

哈密尔顿的名字也频繁地被多个研究机构或大学作为其机构或科学奖项的名称。1987年美国国家职业安全卫生研究所以她的名字命名的实验室为“爱丽丝·哈密尔顿职业安全与健康实验室”，并在同年设立了“爱丽丝·哈密尔顿奖”，奖励在职业安全与健康领域做出卓越贡献的科学家。1993年美国工业卫生协会设立了“爱丽丝·哈密尔顿奖”，奖励在职业与环境卫生领域做出卓越贡献的女科学家。2011年哈佛大学为纪念本校的第一位女教师，设立“年度爱丽丝·哈密尔顿奖”，奖励在公共卫生领域做出贡献的年轻女科学家。1993年加利福尼亚大学旧金山分校为纪念爱丽丝·哈密尔顿，设立“爱丽丝·哈密尔顿讲座”。1997年美国环境史学会设立“爱丽丝·哈密尔顿奖”，每年奖励一篇在环境史研究领域的最佳论文。为表达对哈密尔顿的敬意，后来的修订者把她编写的《工业毒理学》的书名改为了《哈密尔顿和哈迪的工业毒理学》。

五、结束语

爱丽丝·哈密尔顿首先是一位研究铅中毒的专家，她还是一位卓越的工业企业变革推动者，呼吁道义而非私利，赢得了劳资双方的尊重。作为美国工业毒理学的先驱、社会活动家，她主持了美国第一个职业病调查委员会，获得了美国第一个工业医学领域的大学教职。爱丽丝·哈密尔顿一生的工作，自始至终都是为了改善工作场所的环境。为发现工业毒物，她深入矿山、工厂，徒步在城市最危险的地方，她在一个男性主导的领域获得成功。在她 88 岁时，她曾这样说："对于我来说，最满意的事是现在的情况变好了，这其中有我的一份功劳。"1969 年，在她 100 岁生日时，美国总统尼克松发来贺电，赞扬她"为我们的人民和各行各业人们的幸福做出了永恒的贡献"。

（作者：沈玉龙　沈天骄）

迈特纳

核科学中的杰出女先驱

丽丝·迈特纳

（Lise Meitner，1878—1968）

1990 年底,《美国物理学期刊》上发表了《核科学中的女先驱》一文，文中按姓氏字母的顺序列出了 16 位在核科学的早期发展中做出过一定贡献的女科学家，并讨论和评介了“居里夫人综合征”。这种“综合征”就是指把一位名人当成“箭垛”，把一切优良言行和丰功伟绩都归给他（她），而对他（她）的任何缺点和过错则讳莫如深的那种庸俗而幼稚的做法。我们认为,《核科学中的女先驱》一文的评论是精辟公允和洞中时弊的。事实上，这样的“综合征”是一种流行颇广且根深蒂固的“传染病”，它对科学史的传播和发展危害甚大；特别是在那些学术落后和道德败坏的领域或团体中，由于昏聩学阀的武断专横和卑鄙市侩的“每天搅水不止”，这种顽症可以发展到十分猖獗而严重的地步！

另一方面，这种“综合征”也可以有“负值”。就是说，某些人物受到屈抑，他们的重要成就受到一部分人的有意无意的“淡化”的情况，也可谓屡见不鲜。本文所要介绍的在奥地利出生的女科学家丽丝·迈特纳就有过这样的遭遇。由于在放射现象的研究方面做出了开创性的成绩，她从 1924 年（当时量子力学还未诞生）开始，就不止一次地被提名为诺贝尔化学奖的候选人，但是这种提名从来不曾获得通过。由于阐明了重核裂变的实质，她在许多国家曾经名噪一时，但是某些鼎鼎大名的德国学者却绝口不谈她的贡献，甚至在论述核物理学的发展时也不提她的名字。这种情况，难道不是很值得人们深思的吗？

我们有鉴于此，特地收集了一些资料，准备对迈特纳的生平和成就作一概括的介绍，也许可以多少医治一点这种令人厌恶的“综合征”吧！

一、生 平

丽丝·迈特纳于 1878 年 11 月 7 日生于奥地利首都维也纳，比普朗克小 20 岁，比爱因斯坦和哈恩大 1 岁，比玻尔大 7 岁，比薛定谔大 9 岁，比海森伯大 23 岁。她的父母都是犹太人，父亲是很有地位的律师和棋艺高手，思想开放，并没有按犹太教的教义来教育子女，而是让他们全都接受了基督教的洗礼。丽丝·迈特纳在 8 个孩子中排行第三，有两个姐姐，她二姐的儿子弗里什后来成为著名的核物理学家，和迈特纳在工作和生活上都有许多的联系。

迈特纳的一生有大约三分之一的时间是在维也纳度过的，另三分之一的时间是在德国的柏林度过的，后来她在十分危险和困难的情况下离开了自己的事业和师友，被迫从纳粹的暴政下逃出，经荷兰、丹麦而到了瑞典，在那里从事研究工作直到 81 岁。然后她到英国定居，以便接受弗里什的必要照料。1968 年 10 月 27 日，在她的 90 岁寿辰的几天前，她在剑桥的一个养老院中逝世。

迈特纳从幼年时起就对自然界的现象和规律深感好奇，她立志学习自然科学。但是，为了以后的谋生，她在中学毕业之后先考取了一个当法文教师的资格，然后经过刻苦努力，又取得了大学入学资格，于 1901 年进入了维也纳大学。当时大学中的女学生还很少，她在那里曾受到过男学生们的戏弄，但是玻尔兹曼等人的讲课使她获益匪浅。1905 年，她以一篇关于非均匀媒质中的热传导的论文获得维也纳大学的博士学位，成为获该校博士学位的第二位女物理学家。

玻尔兹曼逝世以后，维也纳大学曾想聘请普朗克接替他的职位。普朗克也曾有意受聘。他到维也纳短期访问时见到了迈特纳，对她的才华甚为赏识。后来普朗克因柏林大学竭力挽留而没有走成，于是迈特纳就打算到柏林去从事理论物理学方面的工作。但是就在这时，她接触到了刚刚兴起不久的放射性科学，而这种研究后来就成了她一生主要的精力所寄！

迈特纳于 1907 年到柏林，在大学中听普朗克等人的课，并逐渐成了普朗克家的好朋友。有一段时间，她找不到做实验的地方，鲁本斯曾经建议她到他的实验室去工作，但是迈特纳生性腼腆，有点惧怕鲁本斯的巨大声望。后来她遇到了哈恩。当时哈恩正在研究放射化学，需要找一个物理学家来互相合作。迈特纳愿意和他合作，但是化学研究所的所长费舍尔不许女子进他的实验室。于是哈恩和迈特纳只好找了一个空闲的“木工房”来进行自己的测量。这种情况直到妇女受高等教育的权利在德国得到确认时才有了好转。1913 年，迈特纳正式进入迁到新址的化学研究所，在那里和哈恩进行了 20 多年的密切合作。

1914 年，第一次世界大战爆发，他们的研究工作也基本上中断了。哈恩应征入伍，而迈特纳也自愿到奥地利军队中当了一名 X 射线透视操作员。她经历了艰苦的生活，常常要接纳许多语言不通的波兰士兵，往往每天工作长达 20 小时。但是，这时她也偶尔有点短时间的休假，她总是尽量争取和哈恩同时到柏林去进行一点实验工作。

1912 年—1915 年，她曾任普朗克的助教。1918 年，迈特纳成为化学研究所物理部的主任。战争结束以后，她于 1922 年获得大学授课资格。当时她的求职演讲讨论的是宇宙射线问题，而德国报纸却把她的研究错误报道成“化妆物理学”。1926 年，她被提升为副教授，但是她没有讲过什么课。

她一直按时参加柏林大学的学术讨论会，在那里认识了许多著名的学者，曾被爱因斯坦称为“我们的（德国的）居里夫人”。当 1920 年玻尔到柏林访问时，她被人们推举去见玻尔，要求与玻尔和一些“非巨头人物”单独座谈，所有的正教授不许参加。这就是那次有名的“无巨头座谈会”。从那以后，她和玻尔保持了真挚的友谊。1930 年 12 月间，人们在蒂宾根召开物理学会议，因为主要讨论的是核物理学，所以泡利在一封来信中称他们为“亲爱的放射性的女士们和先生们”。其中“放射性的”女士当然指的是迈特纳。在那封信中，泡利第一次像开玩笑似的提出了给后来带来深刻影响的“中微子”（当时泡利称之为“中子”）概念。

当 1933 年希特勒在德国成为元首时，迈特纳由于有奥地利国籍，起初还没有受到什么直接的迫害。但是到了 1938 年 3 月，纳粹德国并吞了奥地利，迈特纳的处境立即严峻起来了。当时她已在德国工作了二十多年，她在那里有自己的工作、生活和各种的联系，因而对她来说离开德国就意味着重大的牺牲。虽然经过许多有影响人物的多方疏通，她的解职仍然一天天地迫在眉睫。国外的许多朋友，包括玻尔在内，都想尽了办法帮助她。但是他们的力量也很有限。当时从纳粹德国逃出去的人很多，人们在援助方面深感力不从心。同时，纳粹当局不许犹太人出国，不发给他们护照，而一些外国领事馆已不再承认迈特纳的奥地利护照，因此她的出国遇到了不可克服的困难。最后，经过了许多周折，只好采取“非法”出境的办法。当时唯一可能的去向是坐火车到荷兰。7 月 11 日，荷兰物理学家考斯特悄悄地来到了柏林，住在荷兰籍物理学家德拜家中，他已经在荷兰给迈特纳办好了入境手续。7 月 13 日，他们乘火车离开柏林；临行之时，迈特纳的钱包中只带了 10 马克，哈恩把一个他母亲遗留下来的钻石戒指送给她，以备不时之需。当时她已 59 岁，离开住了几十年的柏林而走上完全不可知的旅途，她的凄惨心情是可想而知的。

火车过境时，会受到德国“党卫军”的检查。迈特纳没有“合法的”护照，当然是很危险的。不过结果还好，火车上没有出事，他们在荷兰境内的一个小站下车，上了考斯特的一位邻居来接她们的汽车。

在荷兰短期停留以后，迈特纳就去了哥本哈根。当时玻尔的研究所有很好的研究条件，许多青年人（包括许多流亡科学家）正在那里顺利地工作着，而迈特纳的外甥弗里什也在那里。但是研究所的经费是很紧张的。据说迈特纳不愿意争夺那些青年人的地位，从而不肯久留在哥本哈根，过了不久，她就应西格巴恩的邀请去了瑞典，我们知道，就在那年的圣诞假期中，她和弗里什得到了关于铀核的“裂变”的概念。

迈特纳在瑞典住了 22 年。虽然来到时已经年近花甲，但她还是很好地掌握了瑞典语，并建立了自己的研究小组，发表了一些有关核性质的论文。1946 年，她到美国华盛顿的“天主教”大学当了半年访问教授，并被美国报界推选为那一年的“著名妇女”。

1960 年，她到英国定居，因为她的一些亲友正住在伦敦和剑桥。当时她的头脑仍然很清楚，仍然到处旅行，探亲访友，发表学术演讲。但是她渐渐耳聋，影响了她的学术活动。后来身体逐渐衰弱，直至去世。她的遗体葬在一个乡村教堂的墓地中，那里还葬有她最小的弟弟。

二、放射性的研究

物理学中的许多分支，例如力学、热学、电学、磁学等，都可以追溯到很古老的时代，而核物理学则不然，它有一个明确的起点，那就是世纪交替时期放射性物质的被发现——在此以前，人们简直不知道任何和原子核有关的事实。

当迈特纳在 20 世纪初期登上历史舞台时，人们对放射性现象的本性和规律还所知甚少。她在 1905 年通过斯特凡·迈耶的介绍而接触到了放射性的课题，那时人们对于 α 射线在通过物质时是否会发生偏转还知道得很不确切。虽然当时迈特纳并没有打算终身从事这方面的研究，而是正在准备到柏林去研究理论物理学，但她到底还是设计并进行了一些实验，证实了某些偏转确实是存在的。她的实验属于这方面的最早实验之列，而我们知道，后来正是关于 α 射线的偏转的研究，引导卢瑟福发现了原子核。

到了柏林以后，她遇到了哈恩，和他进行了长期的密切合作。哈恩的主要兴趣在于发现新元素并研究它们的化学性质，而迈特纳的兴趣主要在于研究放射性元素所放出的射线。1907 年放射性的现象还刚发现不久，人们已经知道了 α、β、γ 射线的本性，同时放射性元素的自发转化的概念也已提出，但是由于还没有发现原子核，特别是还没有提出同位素的概念，所以人们的认识还是很模糊、很混乱的。从 1907 年到第一次世界大战，哈恩和迈特纳联名发表了许多篇论文。当然，那些论文在今天看来只有历史意义了，但是从中也可以看出当时的某些趋势。

由于 α 射线在物质中有很明确的射程，从而就可以很准确地测定它的能量。对 β 射线来说情况却比较复杂。这种射线在通过物质时似乎是逐渐衰减的，没有明确的射程，从一开始 β 粒子的能量测量就成了一个令人困惑的问题。当时哈恩他们采用了一个简单的假设，认为每一种纯的放射性元素都放出具有确定能量的 β 粒子。事实上，由于中微子的存在，这种假设当然是不对的，但在当时看来这似乎是唯一可取的假设，而且它对哈恩和迈特纳的研究工作也起了很好的作用。

第一次世界大战打乱了他们的工作。但是他们仍然在特别紧张的生活中尽可能抽出时间来间断地做了一些研究。在研究放射性物质时，有时也确实需要有些长时间的间断和等待。他们就用这种办法来寻求新的元素。当第一次世界大战即将结束时，他们已经写好了关于镤的发现的论文。

第一次世界大战结束以后，德国在政治和经济上的大动荡给他们的工作造成了很大的困难，但他们还是继续研究了镤的性质，并发表了几篇论文。大约从 1922 年起，迈特纳开始发表由她一个人署名的论文。这些论文的内容越来越多地转向了蜕变 β 的本性和规律。在 20 世纪 20 年代中期，特别是由于伽莫夫的工作，量子理论对原子核的应用已经取得了令人信服的结果，按照那种思想，包括迈特纳在内的许多人都相信由同一种原子核放出的 β 粒子应该有确定的能量，或者最多也只能分成各自具有确定能量的几组，换句话说，β 射线的能谱应该是分立谱。然而实验上测得的却是连续谱，于是人们想了许多办法来解决这种矛盾。例如，可以设想，能谱的连续性是一种次级效应的结果，而能谱的上限就是 β 粒子刚从原子核逸出时的真实能量。然而后来就出现了量热学的实验，测量的结果表明，每一个 β 粒子放出的总能量的平均值不是能谱的上限而是能谱的平均值。这想必震惊了迈特纳。她用更精密的方法重做了实验，得到了和上述结果一致的结果。1929 年，她和奥尔特曼联名发表了这方面的论文。这样的结果加深了人们的困惑，以致玻尔又一度试图到他那“守恒定律的统计本性”的想法中去找出路。我们知道，这一难题终于导致了泡利“中微子”概念的提出。

迈特纳不太重视新仪器的发展，她自己不曾发明过什么重要仪器。但是她很擅于利用别人发明的新仪器来解决别人不曾想到的问题，这表明她有很敏锐的理论头脑，能想到一些关键性的问题。1926 年，盖革和弥勒发展了他们的计数器，于是迈特纳就让一个学生做这方面的实验。当那个学生抱怨说隔壁的一个 γ 射线源影响他的工作时，迈特纳立即意识到可以利用新仪器的巨大灵敏度研究高度准直的窄 γ 射线束的衰减过程。这种研究引导她把电子偶的产生看成了导致衰减的原因之一，从而她的工作也就成了最早观察到正电子的存在的实验之一。

有人说，微观物理学的发展似乎和德国政局的演变有一种“相关性”。当然，这得看你如何理解这种“相关性”，但是无论如何必须承认二者之间是存在过很大的相互影响的，或者说，德国的政治、经济的状况在很大程度上影响或决定了德国乃至全世界的科学发展。20 世纪 30 年代初期，核物理学中发生了一些重大的事件。在 1932 年、1933 年和 1934 年，人们依次发现了中子、正电子和人工放射性。这种急剧的进步鼓舞了广大的物理学家，人们纷纷进行了新的实验和探索，其中包括费米等人用中子来诱发核反应的研究。但是当时的世界政局却绝不是多么美妙。费米的某些结果被法西斯党徒歪曲宣传，以证明当时意大利独裁制度的“优越性”，而希特勒一伙也攫取了德国的政权，并且很快地推行起他们那种倒行逆施的反动政策来。大批的犹太科学家开始被解职，受到各种越来越多的粗暴迫害。他们不得不离开德国，到别的地方去谋生和工作。可以想象，在这样的政治风暴中，迈特纳的心情是不会平静的。但是她仍然坚持了工作。1934 年，她再次和哈恩合作，开始进行新元素的寻求。当时费米用中子轰击原子核，得出了一些新的结果，而意大利法西斯分子就大吹大擂，说“意大利人”发现了“铀后元素”等等。事实上，当时关于那些结果还没有最后的定论，人们正在进行着更广泛和更深入的研究。迈特纳他们的探索也是其中的一个重要部分，可惜他们的工作还没有得到什么显著的结果，迈特纳就被迫离开了自己的岗位和她居住了二十多年的德国。

三、重核裂变的发现

迈特纳做了一生科学研究工作，取得了许多的成绩。总的来看，那些成绩只有同行才能了解，而一般群众则是对它们不了解和不关心的，但是重核裂变的发现则不同。在一定意义上，可以认为裂变的发现比镭元素的发现带来了更加直接和更加强烈的社会效应，因此引起一般群众的很大注意也是很自然的。事实上，除个别例子以外，一般的知识分子多少都知道一点这一发展的情况，但是真正能够系统了解和正确评价这段历史的人却不一定很多。

早在 1933 年 10 月，弗里什就已经离开了德国，他先到英国工作了一年，然后就于 1934 年转到了丹麦，直到希特勒的入侵已经迫在眉睫时才设法离开。

1936 年，玻尔就提出了他的原子核的液滴模型和核反应中的“复核”概念。这些发展为裂变概念的出现准备了先导性的条件。

1938 年圣诞假期中，刚刚到达瑞典不久的迈特纳，应邀到瑞典西海岸上的一个小镇去过节，她邀请了弗里什到那里去。后来弗里什说，那是他平生最重要的一次出访。

当弗里什来到瑞典时，他本来想和迈特纳谈谈自己正想做的一个实验，但是迈特纳不要听，而让他看一封哈恩的来信。这封信使他们甚感困惑和震惊。原来，迈特纳在离开柏林以前已经和哈恩一起进行了几年有关中子对铀元素的作用的实验。人们本来指望，铀核俘获中子以后可以生成比铀更重的元素，乃至生成原子序数更高的元素（“铀后元素”）。但是后来的化学分析却证明，反应产物中似乎包含着比铀更轻的镭。这已经是很难理解的了。但是当时哈恩在那封信中却说，当进行化学分析时，他和他的合作者斯特拉斯曼使用了钡的化合物，结果却发现，核反应的放射性产物不能用化学方法和钡分开。这意味着产物中含有放射性钡。这在当时是完全没有想到的和不能理解的。弗里什想到，会不会是实验做错了，但是迈特纳却说像哈恩那样的化学家不可能出这样的错误。

但是铀怎么会成钡呢？在此以前，人们早已知道了放射现象就是一种核变成另一种核的转变过程，而且大约在 20 年前就已实现了核的人工转化（卢瑟福所说的“现代炼金术”）。但是，直到那时人们所知道的一切核反应都只是核的微小变化，核所吸收的或放出的都只是一些“碎屑”——质子、α 粒子之类。而我们知道，哈恩等人所遇到的现象，则是一个重核裂成大小相近的两个较轻的核。实验的最初目的本来是企图得到更重的核，而结果却把原有的核打成了两块。这一点在当时是出人意料的。特别是，按照当时已有的“结合能”的知识，把一个核打成两块一般就需要高得难以达到的能量。但是弗里什习闻玻尔的议论，迈特纳熟悉有关核的各种数据，他们分析了铀核的特殊性，认为它分裂成两块是可能的，而且这种分裂足以说明哈恩等人的实验结果。

弗里什带着激动的心情回到了哥本哈根，他要向玻尔汇报自己的想法。当时玻尔正要动身去美国，只有几分钟的时间和他交谈。

但是他刚一开头，玻尔就嚷起来：“啊，我们曾经当了什么样的傻瓜呀！啊，但这真太妙了！事情当然应该是这样！你和丽丝·迈特纳已经写了一篇有关此事的论文没有？”弗里什说还没有写成论文，玻尔嘱咐他在论文发表以前不要把这种发现讲出去，然后就动身去了美国。

弗里什给迈特纳打了几次长途电话，二人合写了一篇短文。他向一位在研究所工作的美国生物学家请教，一个细胞变成两个细胞的变化叫什么，那人说叫 fission（分裂），于是他们就在自己的论文中用了 nuclear fission 一词，我们把此词译为“核裂变”。他们的论文寄到英国的《自然》周刊，可惜因为没有玻尔的催促，论文过了一个多月才得以发表。

这可急坏了玻尔！在赴美的海船上，他和助手罗森菲耳德仔细分析了迈特纳他们的概念，得到了一些进一步的细致认识。但是玻尔只对罗森菲耳德说迈特纳他们的论文就要发表了，忘了嘱咐罗森菲耳德暂时不要说出去。当时罗森菲耳德以为论文应该已经发表了，所以一到美国他就向少数的朋友们介绍了情况，立即引起了那些人的极大注意。

1939 年 1 月 26 日—28 日，第五届理论物理学华盛顿会议召开。裂变的消息传到会上，在物理学家中引起了轰动，美国报纸也纷纷报道，许多大学中的研究小组连夜进行实验（新闻记者守在旁边），很快就有不止一个小组得出了正面的结果，这时玻尔还没有得到哥本哈根的任何消息。弗里什不知道美国的情况，他还慢条斯理地做着正常的工作。玻尔力图劝阻美国方面的同行们暂缓发表消息，甚至为此而和费米闹得有些不愉快；同时他又接连向哥本哈根发出电报，要求赶快向他通报研究进展的情况。但是那时美国的“决口”已经堵不住了。

直到较晚的时候，玻尔的次子汉斯才在给玻尔的信中提到了弗里什他们的结果，玻尔立即向美国方面通报了情况。当有人问及消息的来源时，他说是“我儿子”在来信中讲的。后来人们看到论文上的署名是弗里什（和迈特纳），就猜测说，“这不可能是他的儿子，一定是‘女婿’！”因此，在那一段时间内，关于弗里什是玻尔的女婿的传言曾广为流行，尤其是在外行人中。

这时哈恩和斯特拉斯曼的论文也发表了，在美国许多人也已经重做了弗里什做过的证实高速裂变碎片的存在的实验。由于各方论文发表的时间相差不多，人们对于提出裂变概念的“优先权”问题曾经有过一些不同的说法。一般说来，这种分歧主要起源于人们在学术观点和资料掌握等方面的不同，并不涉及人们的道德问题。但也有个别的人物，甚至是在学术上做出过伟大成就的人物，一直坚持只把裂变的发现归功于德国人哈恩，而至死也不肯承认“犹太人”迈特纳和弗里什所作的基本贡献。这种态度是十足主观和反历史的，实在令人不能无憾！事实上，没有哈恩等人的实验资料，当然谈不到发现裂变现象，而没有迈特纳和弗里什的物理图像，也同样或更加不能说已经发现了裂变现象，何况“裂变”一词本身就是弗里什所引用的呢。

我们知道，裂变现象的发现和进一步研究，直接引向了核能的大规模释放，标志了核时代的正式到来。

四、几点补充

在瑞典安定下来以后，迈特纳继续发表了一些论文，主要是研究了在回旋加速器中得出的一些新原子核的性质。

迈特纳一生结识了许多最伟大的科学家，包括普朗克、爱因斯坦、玻尔等等。我国著名的核物理学家王淦昌在 20 世纪 30 年代初是她的学生，在她的指导下完成了博士论文。她得了许多引人注目的成就，但是她从来没有改变自己的腼腆性格。第二次世界大战结束以后，美国有人想拍一部介绍原子弹研制过程的电影，制片人和迈特纳联系，请她在科学内容方面给予指导，并征求她的同意，在影片中让一位女演员来扮演她。结果被她一口回绝。她表示，关于科学内容，他们可以去请教她的外甥弗里什；至于被编到电影里去出头露面，她认为“那就像赤身露体地走过百老汇大街一样地难堪”。

她有很强烈的同情心和正义感，在这方面，她和某些巧言令色、文过饰非的德国科学家大不相同。第二次世界大战期间，关于纳粹匪徒如何虐杀犹太人的消息已经多少流传到了国外。但是人们大多将信将疑，不十分相信文明人能做出那种极端绝灭人性的事来，而且极少有人曾经想到那种暴行会有那么大的规模和强度。纳粹势力即将崩溃时，“死亡营”中的残存难民得到了拯救，其中有一些被送到了瑞典。这些虎口余生的人们骨瘦如柴、衣衫褴褛，其惨状催人泪下，这种景象想必大大地震动了迈特纳。她后悔，不该在希特勒上台以后还留在德国工作那么几年。听了英、美电台关于纳粹集中营的客观的报道后，她放声痛哭，整夜不能入睡。

迈特纳爱好音乐，能弹钢琴，但在十分熟识的人们以外她从不弹奏。到了晚年，她还常常回想起当年在柏林时每周一次在普朗克家的音乐聚会。

迈特纳一生获得了许多崇高的荣誉。她是许多国家的学术团体的成员，许多大学都曾授予她荣誉博士学位，她于1955年当选为英国伦敦皇家学会的会员。她获得了各国颁发的各种奖章和奖金。她一生发表了一百多篇学术论文，包括和别人联名发表的，反映了她数十年勤奋工作的成果。

（作者：黄纪华）

罗宾逊

数学界的杰出女性

朱丽亚·鲍曼·罗宾逊

（Julia Bowman Robinson，1919—1985）

在人类几千年文明历史的长河中，数学，作为科学与艺术最完美的结合，始终在人的思维中占有极为重要的位置。它几乎是所有科学所不可缺少的，从未有任何一门科学能够像它那样泽被天下。数学家是创造、传播、应用数学知识的担当者，从某种意义上来说，数学很大程度上是数学家的个人创造，而数学知识要得到真正的理解和广泛的传播，也要靠数学家的著作及讲授。古往今来，我们从不缺乏伟大的智者，逐步打开通往真理圣殿途中的重重关卡。然而我们也不无遗憾地看到，能够在数学家的称谓后冠以自己姓氏的女性，是多么的稀少。即使历史的年轮已驶入现代，这种状况依旧没有得到多大的改善。

然而在这种逆境中，仍有一些杰出的女性挣脱世俗的桎梏，在数学天地中一展才华。朱丽亚·罗宾逊就是其中的一位。她不仅由于数学上的出色成就而当选为美国科学院院士、美国数学会首位女主席，向人们证实了妇女在数学研究中的能力，而且致力于向正徘徊于数学边缘的妇女伸出援助之手，帮助她们找到正确的方向，向人们展示了女性在社会活动中同样影响重大。

一、少女时代

朱丽亚·罗宾逊 1919 年 12 月 8 日出生于密苏里州的圣路易斯

一个普通的商人家庭，是家中的第二个女儿，姐姐康斯坦丝·瑞德比她年长两岁，她的父亲拉尔夫·鲍曼是一位机械器具经销商，母亲海伦·鲍曼在朱丽亚两岁的时候不幸去世。丧妻的巨大悲痛几乎彻底击垮了她们的父亲，他对一切都失去了兴趣，无力照料两个年幼的女儿，将原有的生意草草结束后便将姐妹俩送到了亚利桑那州的菲尼克斯，和她们的祖母住在一起。直到与埃迪尼亚·克里德鲍夫结婚后，这对夫妇才搬到亚利桑那州与女儿们团聚，接着举家迁至加利福尼亚州的圣迭戈安顿下来，3 年之后，家中的第三个女儿降生。

幼时的朱丽亚瘦弱多病。9 岁时，一场猩红热使她不得不和家人隔离了一个月。第二年，严重的风湿痛再次侵袭了这个羸弱的女孩，并且对她的一生造成了难以挽回的伤害。由于反复发作，朱丽亚不得不在护理站卧床休养一年。那时，治疗这种病的唯一方法是日光浴，而且必须将患者完全隔离。这一年，朱丽亚生活在孤独中，连姐妹也不能见。过早地失去母爱无疑给朱丽亚的生活造成了无可弥补的创伤，而她原本内向的性格也在长期疾病的困扰下愈发深沉内敛并且不善言辞。她经常静悄悄地待在角落里，很难引起他人的注意，但不经意中展现出对数学的浓厚兴趣着实令她的家庭教师大为惊叹，这位在朱丽亚病愈后辅导她学习五到八年级课程的教师提到，2 的平方根是一个无限不循环小数，这个算式曾经令朱丽亚苦思冥想，神魂颠倒。

重返学校就读于九年级时，数学已让朱丽亚深深着迷。其他的女孩们早在低年级时就已经逃离了数学课堂，因此，朱丽亚成为了数学及物理课堂上唯一的女生。尽管在学校成绩出众，但由于孤僻少言，缺乏自信，她很难克服这种强烈的不安全感。事实上，很多时候，她不得不依赖康斯坦丝代替她当众发言。1936 年，她顺利毕业，而且取得了数学与科学课程中许多荣誉。同时，由于在科学学科中涉猎广泛且成绩突出，荣获了 Bausch-lomb 奖章。此时的朱丽亚已是全家人的骄傲，这个沉默寡言的女孩儿在令大多数男生都感到头疼的数学上倾注了那样多的心血和热情，让她的父母感到既惊奇又自豪。

1936 年，16 岁的朱丽亚以优异的成绩考入了圣迭戈州立学院（即现今的圣迭戈州立大学）。毫无意外地，她选择了数学作为主修专业，并开始为未来的从教生涯做准备（当时的学院侧重于师资力量培养）。那时，她还不知道学习数学可以从事其他的职业。朱丽亚在圣迭戈度过了一年平静的时光，她羞涩内向的性格并没有随着年龄的增大而有所改变，相反，在数学系这个充满男性气息的环境中，一个相貌平凡、个性沉静却对数学充满激情与憧憬的女孩和周围的一切显得那样格格不入。朱丽亚努力尝试着接受一切：公平与歧视，欣赏与不屑，快乐与失落……原本她以为大学时光就会这样度过，直到突如其来的噩耗打破了平静的生活。

20 世纪 30 年代是一个动荡不安的时代，前所未有的经济大萧条迅速席卷了整个资本主义世界，几乎无人幸免。对于鲍曼一家而言，这无疑令原本就不富裕的家境雪上加霜。全家赖以维生的多年积蓄在无可抑制的通货膨胀下丧失殆尽，这样残酷的现实让朱丽亚的父亲陷入了无法自拔的绝望中，最终他选择了结束生命来逃避，那时，朱丽亚刚上大学二年级。尽管父亲的去世给这个并不富裕的家庭带来了沉重的打击，但并未遏制她对数学的热爱，她设法筹措到了每学期 12 美元的学费，在圣迭戈学院继续读书。日子是艰难的，对朱丽亚来说，最难忍受的并不是物质上的匮乏，而是心灵上的寂寞——一种缺少知音的孤独，直到她来到了伯克利。

二、在伯克利

在姑姑和姐姐的帮助下，18 岁的朱丽亚转到加利福尼亚大学伯克利分校读高年级。我们可以看出，这段岁月在她心中留下了多么美好的回忆，使她乐于以那样深情的笔触描绘那些难忘的日子：

> 在伯克利，我很快活，那是一种充满喜悦的幸福。因为，在圣迭戈，根本没人和我志趣相投。如果真如布鲁诺·贝特尔海姆所说，每个人都有属于自己的童话，那么从前的我无疑是羞怯的丑小鸭。然而，在伯克利，突然间，我发觉自己竟也变成了白天鹅。这里有那么多的人，无论是教师还是学生，对数学都和我一样兴奋痴迷。我不仅被选为数学联谊会的荣誉会员，而且还可以参加许多系里的社会活动。最重要的，在这儿，我遇到了拉斐尔。

拉斐尔·罗宾逊在朱丽亚的生活中无疑扮演了极其重要的角色，对于朱丽亚来说，他不仅是伴侣，更是保护者与引路人。在进入伯克利的第一年，朱丽亚正是随着当时已是副教授的拉斐尔学习数论课程。这个班只有 4 名学生，因此边散步边讨论数学问题便成为了他们最喜欢的上课方式。这种轻松融洽的氛围使朱丽亚在学业上收获颇丰，而拉斐尔真挚深厚的情感逐步温暖了她那敏感而孤独的心。1941 年 10 月，在读完研究生二年级第一个学期的课程后，朱丽亚成为了罗宾逊太太。

20 世纪 40 年代的伯克利规定，同一家庭中的成员不能在同一系中授课，因此结婚后，朱丽亚不得不放弃了数学系的助教工作。所幸 1940 年前后，朱丽亚参加了著名的统计学家杰兹・内曼的讨论班，对数理统计进行了广泛研究，这帮助她在伯克利的统计实验室取得了一个职位。二战时期，她还加入了大名鼎鼎的兰德公司，参与了某些秘密军事项目的研究。她巧妙地利用球带面积可由其高度决定的阿基米德原理解决了某个军事战略的对策问题，令人大为惊叹。在她唯一的一篇关于对策论的论文中，她解答了博弈论中的一个收敛问题，其结论迄今仍是这一理论的基本结果之一。

朱丽亚出色的工作赢得了内曼的青睐，这位世界统计学界的权威曾希望她能够专注于该领域的研究，并专门为她安排好了职位。但是，对数理逻辑的热爱最终让朱丽亚婉言谢绝了他的好意。

结婚以后，朱丽亚将大量心思投入到新建的小家庭中，满怀欣喜地布置新居，享受着新婚的幸福与快乐。不久，怀孕的喜悦又将她整个占据，她热切地期待着这个孩子的降生。然而，风湿痛遗留下的心脏组织创伤，使她失去了这个孩子。当医生告诫她绝不能再冒险怀孕时，她被击垮了。长久以来对于完美家庭的渴望，对于成为母亲的憧憬，令年轻的她难以面对如此沉重的打击。而不能在数学系中求得一席之地，研究心爱的数学问题，无疑更是雪上加霜。朱丽亚陷入了深深的痛苦与迷茫中，曾一度想放弃自己的追求。在她情绪最低落的时候，拉斐尔的支持和鼓励成为了她坚强的依靠，在度过了一段相当艰难的低潮之后，对数学强烈的兴趣战胜了她的脆弱与茫然，朱丽亚终于从厚重的阴霾中挣脱出来。

1948 年，朱丽亚获得了加利福尼亚大学伯克利分校的博士学位，登上了人生新的高峰。她的导师是著名的波兰逻辑学家、数学家阿尔弗雷德·塔斯基，他是波兰华沙逻辑学派的代表人物，也是数理逻辑中模型论的奠基人，与被誉为“亚里士多德和莱布尼兹以来最伟大的逻辑学家”的哥德尔交往密切。1946 年，由于战争的原因，哥德尔来到了普林斯顿大学，与正在那里访学的朱丽亚相识。他关于数理逻辑的高深见解让原本就痴迷于数理研究的朱丽亚如鱼得水，在他的指导下，朱丽亚完成了博士论文《代数中的定义和决策问题》，并证明了比例数域中算法的不可解性定理。也是在这一年，她开始了对于希尔伯特第十问题的研究。

三、第十问题

1900 年，第二届国际数学家大会在法国举行。当时，各国数学精英云集巴黎，交流学术思想，报告研究成果，一时之间，巴黎的空气中似乎都弥漫着数学的气息。

38 岁的德国著名数学家戴维·希尔伯特教授在大会上做了发言。有些出人意料的是，他的演讲题目叫做《数学问题》。它的内容并不是某个定理的具体证明，也未提出全新的论断或猜想，而是展望了数学的未来，列出了在新世纪里数学家应该努力解决的问题。在演讲中，希尔伯特强调了这门科学发展方向问题的重要性，考察了重大而富有成果的问题的特点，阐述了对于问题的“解答”的要求。然后他提出并讨论了23个重要的数学问题，他相信，这些问题的解决，必将大大推动20世纪数学的发展。事实证明，他的想法是完全正确的。《自然》杂志评论说，20世纪的数学家中，几乎没有谁的工作不是从这些问题中拓展出来的。的确，从发表之日起，这23个问题就成为了数学家力图攻克的难关，人们把解决希尔伯特问题，哪怕是其中的一部分都看成是至高的荣誉。

希尔伯特第十问题的描述简洁明了，即：

> 10 丢番图方程可解性的判别。
>
> 设给了一个具有任意多个未知数的整系数丢番图方程，要求给出一种方法，使得借助于它，通过有穷次运算可以判定该方程有无整数解。

这一问题是23个问题中最古老的，它的起源可以上溯至2000多年前的古希腊数学时代。希尔伯特将历史遗留题目加以总结和拓展，提出了上述命题。它的实质是找出一种能行的算法（所谓“能行”就是按照一定的规则，能在有穷步中机械地得到结果）。

在希尔伯特第十问题提出后的前30年，数学家们按照传统的方法加以研究，但始终没有取得明显的进展，直到20世纪30年代后期，数理逻辑发展成为一门成熟的数学学科后，一批逻辑学家和数学家的杰出工作，直接影响第十问题的最终解决。

朱丽亚着手研究第十问题，起始于一个很偶然的机会。这个题目实际上是她的导师塔斯基在一次教师的聚会上，向拉斐尔提出的，用来说明一些很容易定义的集合，却存在无法定义的非二次的补集。这给了朱丽亚一个提示，因为希尔伯特第十问题实际上也是一个判定问题，与朱丽亚在博士论文中证明的比例数域定理的算法不可解性有某些微妙的关系。

一个数域，当然存在一个构造，用逻辑符号建立 $F=(F, +, \cdot, 0.1)$。域理论的逻辑语言变量定义在 F 内。常数为 0，1；函数符号 $+, \cdot$；逻辑关系符号 $\neg$，$\wedge$，$\vee$，$\rightarrow$；以及量词 $\forall$，$\exists$。典型的命题如下：

$$\forall x \exists y \exists z \forall w (P(x, y, z)=Q(x, z, w) \wedge R(x, z)=S(w))$$

其中 P，Q，R，S 是多项式。一个给定域 F 的理论就是用逻辑语言表示出的关于 F 的所有真命题的集合。而（对于 F 理论的）判定问题就是能够有效地判断出这一理论中哪些命题是正确的。塔斯基证明了在实数域 R 及复数域 C 中判定问题可解。而朱丽亚的思路与她的老师相反，她通过证明整数群是 Q 中一个可定义的子集，从而成功地推导出 Q 域上的判定问题不可解的结论。并由此，整数环 Z 上的判定问题（即丢番图方程可解性所涵盖的部分）也可归结到 Q 域解决。

朱丽亚对于与 Q 域相关的整数集的定义很简单：

$$\mathrm{In1}(n): \forall ab (\Phi)(a, b, 0) \wedge \forall m (\Phi(a, b, m) \rightarrow \Phi(a, b, m+1) \rightarrow \Phi(a, b, n))$$

其中，$\Phi(a, b, k)$：$\exists xyz\ (2+abk^2+bz^2=x^2+ay^2)$

如果将所有的量词提取出来，就会得到类似于$\forall ab \exists m \forall xyz\cdots\cdots$，和不是一个丢番图的定义$\exists xyz\cdots\cdots$，但是这可以推导出 Z 上的丢番图问题，亦即希尔伯特第十问题。

这个问题牢牢地吸引住了朱丽亚的目光，并积极地投入到研究工作中。她认为，想要证明一个无从定义的东西无论如何太困难，因此，选择了从另外一个角度着手。

1950 年，国际数学家大会在美国的剑桥召开，朱丽亚在会议上做了 10 分钟报告，宣读了自己的研究成果。同在会议上发言的数学家马丁·戴维斯的演讲内容也是关于第十问题的，但二人的思路却完全不同。

要证明丢番图方程整数域内的不可解性，可以先证明它在我们更熟悉的域——自然数域内不可解，即对于任一丢番图方程 $P(x_1, \cdots, x_m)=0$，都有另一个丢番图方程 $Q(x_1, \cdots, x_n)=0$，使得若 $Q=0$ 有自然数解，那么 $P=0$ 有整数解。因此，如果我们可以通过一种算法来判断丢番图方程在整数域内是否可解，那么在自然数域内，我们也应该可以得到一种算法。在证明不可解性的初期，大量的工作围绕这一中心展开。

根据戴维斯的定理，如果 $R(b_1, \cdots, b_m)$ 是自然数的一个谓词，则我们称 R 的任意公式的丢番图表示

$$Ex_1\cdots Ex_n P(b_1, \cdots, b_m, x_1, \cdots, x_n)=0,$$

其中 P 是整系数多项式，那么，这一公式对于某些值 $(b_1, \cdots, b_m)$ 是真的，当且仅当 $R(b_1, \cdots, b_m)$ 是真的。

戴维斯猜想每一可计算的不可列谓词都有一个丢番图表示，如果这是真的，我们就可以得到可计算但不可举、不可解的谓词 S（b）的一个丢番图表示

$$Ex_1\cdots Ex_n P(b, x_1, \cdots, x_n)=0.$$

那么对于一个给定的值 b，对应的方程 $P(b, x_1, \cdots, x_n)=0$，就没有算法判定它是否有自然数解，丢番图方程就可以被证明是不可解的。

朱丽亚解决第十问题的方法与戴维斯刚好相反。她避开证明所有的可计算不可列谓词都有丢番图表示，而是试图为一类特殊且重要的谓词——幂（即谓词 $x=y^z$）、二项式系数（$x=C_y^z$）、阶乘函数（$x=y!$）以及谓词“X 是素数”构造丢番图表示。她设想，如果可以证明所有简单幂函数的增长都符合丢番图关系的话，就能够进一步证明全体。尽管她还没有取得完全的成功，但她证明了上述的谓词都有丢番图表示，至少成幂增长的函数有这种表示。

朱丽亚回忆道：“在此之前，阿尔弗雷德和我都疏漏了戴维斯关于体系存在性的证明。会后，戴维斯告诉我，他看不出有什么希望能将我所列举的例子推广到一般情况——我说我做了我能做的一切，并想‘你又怎样才能去掉那些一般性的量词呢？’我猜我们都在正确的道路上前进，但认为对方是错误的。”

朱丽亚沿着认定的方向继续前进，她敏锐地察觉到贝尔方程对于冲击第十问题具有举足轻重的作用，并从 1952 年开始，进行系统而深入的研究。贝尔方程丰富的性质使得朱丽亚几乎证明了幂函数可以表示成为若干个丢番图方程组。成功似乎近在咫尺，但又仿佛

遥不可及。

四、真诚合作

重大的突破发生在 1960 年。马丁·戴维斯和希拉里·普特南共同证明了每个可计算的不可列谓词 $R(b_1, \cdots, b_m)$ 都可以用以下的公式表示：

$$Ex_1 \cdots Ex_n T(b_i, \cdots, b_m, x_1, \cdots, x_n) = 0,$$

其中表达式 T 由字母 $b_i, \cdots, b_m, x_1, \cdots, x_n$，自然数，加号“+”，减号“−”，乘号“×”，和用字母表示的幂（即 x^y）组成。但他们的证明中用到了一个还未被证明的系数猜想，这点缺陷在尤为强调逻辑严密性的数论领域，是无法被忽略的。于是，他们将证明寄给了朱丽亚，希望得到帮助。戴维斯后来回忆：“她的第一反应，是立即回信向我们展示如何避免烦琐分析的方法。几周之后，她又告诉我们如何用已知的素数原理来代替我们在计算过程中所使用的还未被证明的素数猜想。而后，她又竭力简化了复杂难懂的证明，使得公开发行的版本中的定理证明既通俗易懂，又优雅简洁。”

最终，三人联名的文章《含幂的丢番图方程的决定问题》发表于 1961 年。这一定理是一项杰出的成果，它成功地证明了含幂的丢番图方程的不可解性，但是它仍然不能去除对于全体谓词的疑虑（即对于每一个谓词，都有一个“真正的”丢番图表示）。因此，如果素数群和 2 的乘幂构成的群有丢番图表示的话，那么，这些群可以被适当多项式的正值构成的群所代替，当时流行的数论直觉在 1969 年还不相信这是百分之百可能的。

1970 年，苏联科学院院报发表了一篇题为《可枚举集是丢番图的》的文章，作者是年仅 22 岁的数学家马季亚谢维奇。马季亚谢维奇成功地为幂增长的函数及乘幂本身建立了丢番图表示：

$$a = b^c \langle - \rangle Ex_1 \cdots Ex_n P\ (a,\ b,\ c,\ x_1,\ \cdots,\ x_n) = 0.$$

他察觉到斐波那契数列具有某些奇妙性质，并对此善加利用，在戴维斯和普特南及朱丽亚的研究成果上，完成了一个重要的定理：一个集合是递归可枚举的当且仅当它是丢番图的。从而最终判定了希尔伯特第十问题是递归不可解的。

这篇文章的发表立刻成为数学界轰动一时的新闻，马季亚谢维奇是那样年轻，才刚刚取得硕士学位，在国际数学界还未有知名度，研究这个问题的时间也并不很长。人们在惊讶赞叹的同时也不禁将惋惜的目光投向了朱丽亚，那时，她研究希尔伯特第十问题已经超过了 20 年。

尽管现代数学已经发展成为一种合作的文化，但出于对荣誉的渴望，数学家的心中仍不免会存在这样的顾虑：当自己已经完成了证明的主要部分，但仍然未找到最后部分的演算。而就在这个时候，如果他的突破性的工作泄露出去，那就无法阻止别人在此基础上继续前进，并完成证明。但这样的想法在朱丽亚身上似乎从未出现过，她诚恳地向马季亚谢维奇表示祝贺，并给予他热情洋溢的肯定。没有人会怀疑她的真诚，因为熟悉朱丽亚的人都知道，对于她而言，能够将问题解决比什么都重要。她曾说，她并不在意这个问题是不是由自己解决的，只是她一定要知道答案，她不想带着遗憾离开人世。其实在世人知晓马季亚谢维奇的名字之前，朱丽亚就已经和他有了交流。马季亚谢维奇一再提到，朱丽亚的成果距最后的证明极为接近，而且她的工作对他有着至关重要的影响，为他提供了坚实的基础并且触动了他的灵感。1969 年，马季亚谢维奇第一次给朱丽亚写信，请求朱丽亚将约翰·麦卡锡的备忘录邮寄给他。马季亚谢维奇收到的，是一份经过朱丽亚推敲整理后的复件，其中包含了最主要的公式和辅助定理。他后来写道："我相信只有像朱丽亚那样，在这一思维方向上已经花费了大量的时间，经过严密的考虑，才能从这些备忘录中得到启示，重新构建整个证明。"

这样友好的开始奠定了他们之间良好的合作关系。在宣布希尔伯特第十问题已经解决之后，对于数学的痴迷的热情和孜孜以求的态度使得朱丽亚与她的合作者继续并肩前行，尽管条件不便（由于当时没有电子邮件，书信来往需要大量的时间），但是他们之间共同的追求与合作的默契使得一切困难都迎刃而解。当然，这其中也并不是一帆风顺的。有时，他们似乎竭尽所能也不能前进，而其他的数学家又随时都可能用更新鲜的想法来改进他们的结论，这种紧迫感让马季亚谢维奇时时感到压力。朱丽亚时常劝慰她年轻的伙伴："当然，其他人取得突破，超越我们的论文是完全有可能的，但是我们应该想到，这对于数学而言，是很有好处的。"1975 年，他们联名发表了论文《可将任意丢番图方程的未知量化简为 13》，这是一个非常美妙的证明，它标志着对于丢番图方程不可解性的证明简化取得了突破性的进展。在这之后，马季亚谢维奇又将未知量的数目化为 9 个，但这一次，朱丽亚却坚决拒绝署名，她写信给马季亚谢维奇说："我不想成为 9 个未知量那篇论文的联名作者——

我已经告诉所有的人那是你取得的进展。事实上，如果签上我的名字，会让我觉得自己很蠢——当然，假设我真的做出了什么那就另当别论了。”

朱丽亚与马季亚谢维奇的成功合作一直持续到她的身体出现问题后才不得不终止，但是他们之间的忘年交令双方着实受益匪浅，朱丽亚写道：“我真的很高兴能够合作（尽管相隔万里），我们取得的进步明显要比任何一方单独工作所能取得的要大。”

五、政治热情

多数数学家在他们的研究和教学工作之外，几乎没有其他的社会活动，与频繁的会议、选举相比，他们更愿意待在象牙塔中，与世无争。何况在 20 世纪中期，妇女的地位不高，妇女的意见经常被忽视，从政的女性屈指可数。然而，朱丽亚却一举打破了两桩世俗的樊篱。沉默少言的性格并没有压抑她对于政治的敏感与热情，相反，她用女性独有的细腻与敏锐的视角观察并思索着这个纷乱复杂的世界。

她并不像人们想象的，只是一个问题的解决者，她更是一个生活的积极参与者。她关心周围所有的事物，小至如何可以帮助同事的孩子愉快而又快速地掌握英语（她的方法是让孩子读南希・朱的故事），大至加利福尼亚大学（那个时代，学校的确存在大量的问题）、民主党、美国乃至世界。

1952 年，民主党候选人阿德莱・史蒂文森在总统竞选中失利，导致整个民主党面临分崩离析的厄运。朱丽亚意识到了这场危机，并请姐姐康斯坦丝写信给《新共和党》的编辑，阐明自己的观点。这封信恰好发表于民主党高层会议召开前夕，引起了很大的震动。康斯坦丝后来回忆："所有参加会议的政要们都在谈论着这封信，询问谁是康斯坦丝·瑞德。其实，这封信的文字虽是康斯坦丝写的，但字里行间澎湃的政治激情却属于朱丽亚。"

尽管朱丽亚的政治生涯由于健康原因仅仅持续了 6 年，但她所展现出的坚定的信仰、昂扬的热情与亲力亲为的积极态度却给曾与她共事的人留下了深刻的印象。她信守公平、公正的原则，富有很强的正义感与责任心。人们至今仍然记得，在那个多事的 50 年代，在臭名昭著的麦卡锡主义统治时期，她挺身而出，与所有坚守正义的人们并肩战斗，反对学校实行种族隔离，抵制反共宣誓，并公开在法庭上为拒绝宣誓而被开除的人们进行辩护。她孱弱的身体与坚强的意志形成了如此鲜明的对比，让人们不禁对这瘦弱的身躯中所蕴含的高尚的灵魂和勃发的力量而肃然起敬。

六、崇高荣誉

1970 年前后，朱丽亚已经很有名气了，但她似乎并没有意识到自己的名字因和多篇著名的论文相连而早已蜚声国际。她认为她只是数学家拉斐尔·罗宾逊的妻子，一位平凡的家庭主妇。然而既然数学已经成为她生活中不可分割的部分，便注定要为她的生活增添非凡的色彩。

1975 年，她被提名为美国国家科学院院士。这项提名让她身边的朋友和同事备受鼓舞，因为他们最了解朱丽亚的勤奋与成就，在她过去的同事提供的一份工作纪要中，我们可以看到她生活的侧影："星期一，证明定理；星期二，证明定理；星期三，证明定理；星期四，证明定理；星期五，那定理是错的。"那时，尽管阿尔弗雷德·塔斯基和杰兹·内曼都已年迈体衰，他们还是专程赶回华盛顿，向委员会解释朱丽亚工作的重要性。1976 年，朱丽亚顺利当选。这是一项很高的荣誉，至 1985 年，美国有 1442 名院士，其中妇女寥寥可数，而在数学方面，她更是唯一的女性。同年，伯克利终于授予她全职教授的职位，这在当时的伯克利，是一个空前的决定。由于健康状况的限制，朱丽亚只能承担四分之一课时的工作量。针对这个问题，科学院顾问团主席桑德斯·麦克莱恩曾专门致信："在我看来，即使罗宾逊博士只能承担部分工作，将教授职位授予她也是非常适当的决定。她在数理逻辑及其相关问题方面的成就极为杰出，完全可与美国任何一流大学中的功勋教授的成绩相媲美，而做出这样的决定对加利福尼亚大学伯克利分校是尤为适宜的。"

朱丽亚接受了这个职位，但出乎她意料的是这仅仅是接踵而来的各种荣誉的开始。各种授奖与采访的电话接连不断，一时之间，平静的生活被搅乱了。朱丽亚开始感觉到苦恼。在她看来，作为数学家是她的工作，而受到过度的关注令她紧张而尴尬，她写道："事实上，我只不过是一名数学家，并不想被人看成是开创了这个或那个纪录的第一位妇女。我宁可作为数学家被人们记得，仅仅是因为我证明过的那些定理和解决过的那些问题。"

1982 年，朱丽亚以绝对的优势当选为美国数学会的第一位女主席，并获得了为期 5 年的共计 60000 美元的麦克阿瑟基础奖金。这是继她成为数学会首位女官员 4 年后得到认可的体现。虽然她一向注重隐私，不愿意成为公众的焦点，但是这次，她觉得无法拒绝，一种强烈的使命感要求她必须做些事情来改善当时普遍存在于数学界的性别与种族歧视。

朱丽亚坚信没有任何理由可以阻止女性成为数学家，同时确信要改变目前的状况，必须积极行动起来，帮助更多女性在大学中获得职位。她说："如果我们不试着改变些什么，那么永远都不会有变化。"她积极参加数学妇女学会的工作，讨论如何鼓励年轻女性进入数学领域以及如何支持女数学家的研究工作。她到女教师俱乐部去，强烈呼吁应当创造机会让所有人自由地迈进通向数学的道路。

在对青年人的一次讲话中，朱丽亚谈道："数学家应该是这样一个团体，不分地域、种族、信仰、性别、年龄甚至时代，将自己的一切奉献给艺术和科学中最美丽的部分——数学。"她积极组织活动，讨论如何帮助有数学天赋的其他种族的青年（包括黑人）发挥他们的才能。她始终不懈地在为所有的学生创造机会，鼓励研究生和年轻的助教们充分相信自己的能力。她成为女数学家和其他种族数学家精神上的领袖与行动上的楷模。她将有志献身于数学研究领域的人们紧密团结在一起，并竭力为他们创造更多的机会，帮助他们取得成功。

七、终 曲

1984年夏天，朱丽亚就已经得知自己患上了白血球过多症。在与病魔抗争的日子里，她始终坚强乐观，从未放弃过希望。弥留之际，她向在她一生中起到重要影响的人们致谢，除父母之外，还有她在圣迭戈学院念书时的一位副教授，是他建议朱丽亚到伯克利深造；她的丈夫拉斐尔·罗宾逊，如果没有他，她无法想象自己会成为一名数学家；她的导师阿尔弗雷德·塔斯基，他的数学研究恰好适合朱丽亚，假如没有他，她的数学生涯或许会有很大不同；杰兹·内曼，是他无私的资助让朱丽亚得以深造研究生课程；还有马季亚谢维奇，他对于希尔伯特第十问题的最终证明了却了朱丽亚的一大心愿，而且他们之间跨越了年龄、性别和地域的友谊与合作，令她愉快而满足。

1985年7月30日，朱丽亚·鲍曼·罗宾逊与世长辞。遵照她的遗愿，没有举行葬礼，为了寄托深深的哀思，人们将捐款送到她生前建立的用以纪念她的导师阿尔弗雷德·塔斯基的基金会，以助有志投身于数学研究的莘莘学子一臂之力。妻子逝世后，拉斐尔·罗宾逊教授以朱丽亚的名字建立了纪念基金，这项基金的收入用来支持学习数学的学生完成课程，以及为研究生继续攻读博士学位提供经济援助。

与她之前的几位伟大的女数学家，如索菲·热尔曼、索菲娅·科瓦烈夫斯卡娅、埃米·诺特相比，朱丽亚在社会活动中取得了前所未有的肯定。但是，女性在数学中的地位仍旧没有得到彻底的改善。朱丽亚的成就不仅在于她在数学研究中取得的成绩，而且在于她以前瞻的目光，致力于为更多的妇女研究数学创造更加良好的环境。

朱丽亚受到人们的尊敬与爱戴，不但因为她得到了很高的荣誉，更是因为她温和的举止、内敛的幽默、睿智的思想与高尚的人格，她对数学无与伦比的热爱为她赢得了广泛的朋友。她是一位真正的数学家，一位开创时代的伟大女性，她不平凡的一生将永远为人们所牢记、怀念。

（作者：武修文　王青建）

富兰克林

一位过早凋谢的科学之花

罗莎琳德·埃尔希·富兰克林

（Rosalind Elsie Franklin，1920—1958）

1962 年，哈佛大学的沃森、剑桥大学的克里克和伦敦国王学院的威尔金斯因为“发现了核酸的分子结构及其在生物体信息传递中的作用”而分享了该年的诺贝尔生理学或医学奖。早在 1953 年 4 月 25 日他们在英国《自然》杂志上发表论文，提出了 DNA 双螺旋结构模型，从而开创了分子生物学的新时代。此后的 50 多年，分子生物学取得了飞速的发展，已经渗透到了生命科学的各个领域，更为重要的是今天的 DNA 双螺旋不仅仅被看作是一个分子结构，而是成为了分子生物学的象征，并且作为 20 世纪 4 种基本模型而被永远载入了科学史册。遗憾的是 1953 年那期《自然》杂志上共登载了 3 篇与 DNA 双螺旋结构相关的论文，而这 3 篇论文对 DNA 的发现都是至关重要的，但仅有两篇论文的主要作者获得了 1962 年的诺贝尔生理学或医学奖，而第三篇论文的主要作者却因为英年早逝而与这项荣誉擦肩而过了。可能是由于早逝而未获得诺贝尔奖的缘故，也可能是性别方面的原因，她在 DNA 阐明中的作用被忽视了几十年，这不能不说是一个遗憾。这篇论文的作者就是著名的女科学家罗莎琳德·埃尔希·富兰克林，她所提供的 DNA 晶体 X 射线衍射照片对 DNA 双螺旋的发现起着决定性的作用。

2003 年，恰逢 DNA 双螺旋模型提出的 50 周年，世界各地的分子生物学家通过各种方式来纪念这个伟大的事件。而本文希望通过介绍富兰克林的一生，重点是她在DNA双螺旋发现过程中所起的作用，也从一个侧面了解DNA双螺旋结构的阐明经过，对这位带有一丝神秘色彩的女科学家有一个较全面的了解。

一、幸福的童年

1920年7月25日，富兰克林出生于英国伦敦一个富有的犹太家庭，她是家中的第一个女孩（她还有1个哥哥、2个弟弟和1个妹妹）。富兰克林家族的人员具有非常良好的品质：有信心、有能力、对社会有思考力等，她的父亲埃利斯·富兰克林也不例外，埃利斯·富兰克林本身是一位成功的商业银行家，具有一定的社会地位，同时具有犹太民族的优良品质，对富兰克林的成长有着重要的影响。富兰克林的母亲穆里尔·韦利也出身于一个有一定社会地位的家庭，并受过良好的教育。

由于富兰克林生活在一个良好的家庭环境中，她的家中总是充满着对自由、逻辑等大家感兴趣的问题的激烈的争论和热烈的辩论，而家中的每一个成员都参与讨论，小小年纪的富兰克林也不例外，她也为自己的立场发表看法，辩论中大人开放的思想和深邃的洞察力都深深地影响着她，也使她从小就形成了鲜明的个性，当时就敢于和有一定保守性的父亲进行激烈的辩论，这为富兰克林以后在科学研究中的独立思考奠定了良好的基础。

富兰克林虽然只是一个小女孩，但是却有男孩子一样的坚强性格，从小就喜欢独立做一些家庭事务，不喜欢像其他同龄小朋友那样玩洋娃娃之类的玩具，而且有一种不服输的劲头。另外富兰克林也遗传了犹太民族的优良品质，在小的时候就显示出了聪明的个性和极高的创造性。当富兰克林 6 岁的时候，相对于其他同龄的小朋友就表现出了极高的运算天赋，每次和小朋友在一起玩耍并进行数学方面的测验时，她得到的结果总是又快又正确的。富兰克林就是在这种良好的家庭环境中度过了自己幸福的童年，可能这些为富兰克林以后的成功奠定了良好的基础。

二、求学阶段

当富兰克林 9 岁的时候，她被送进一所寄宿学校。可能是学校环境和家庭环境的差异，刚开始她竟然不能很好地适应那里，她的脾气有时显得非常坏，并且也表现出了明显的不合群。尽管如此，富兰克林却可以全身心地投入到学习中，因此学习成绩一直比较优良。随着时间的推移，富兰克林逐渐适应了周围的环境，和其他的同学也慢慢友好起来，在学习之余，她还在其他方面取得了一定的成绩，如在曲棍球、游泳、绘画等方面比较感兴趣，表现出了一定的艺术天赋，同时也说明富兰克林比较善于动手，而不仅仅注重理论。

富兰克林 11 岁时，她唯一的妹妹出生了，因此她转学到了伦敦西部的圣保罗女子学校学习，这所学校一向以对学习要求严格而出名。富兰克林在这里更加努力学习，特别是她逐渐表现出了对自然科学的极大兴趣，尤其是物理和化学。以至于在富兰克林 15 岁的时候，就树立了自己的理想，那就是将来成为一位科学家，这从 1940 年夏天给她父亲的信中提到的对科学的看法中可以看出，“……科学和日常生活不能也不应分离。科学对我来说是生命的部分诠释，迄今为止它被理解为基于事实、经验和实验的学问……”。

20 世纪 30 年代的英国可以说思想是非常保守的，特别对于像富兰克林这样一位出生于一个正统犹太家族的女孩子来说，她的选择无疑是一件离经叛道的大事，这自然会遭受到她家庭的强烈反对。尤其是她的父亲，他对女儿求学的期望是将来成为一个社会工作者，而不是去从事科学研究工作。富兰克林坚强的性格，在一定程度上可以说具有一定的固执性，这就决定了她必然会为了自己的追求而和父亲展开激烈的争论。她的不懈努力最终使父亲的态度变得比较缓和，最终同意了她的决定。富兰克林从此更加刻苦学习自然科学知识，并且在 1938 年以优异的成绩进入了剑桥大学的纽汉学院，开始更加深入、全面地学习自然科学方面的知识。

富兰克林在剑桥大学学习期间十分刻苦，特别是在物理和化学方面倾注了更多的心血，从而在自然科学理论方面打下了坚实的基础。富兰克林在学校各方面都取得了优异成绩，因此在 1941 年从剑桥大学顺利毕业，同时获得了物理化学专业的学士学位。

三、初期研究

富兰克林虽然在剑桥大学期间掌握了大量的理论知识，但是在实验方面却相对比较欠缺，因此一毕业，她就申请到了一个奖学金，在诺里什的实验室进行气相色谱方面的工作，这可以说是富兰克林逐步走进科学研究生涯的开始。富兰克林在这里仅仅工作了一年，掌握了一定的实验技能，便由于战争原因改变了工作。

1942 年，第二次世界大战期间，英国正处在战争的困难时期，具有强烈责任感的富兰克林决定去做一些与战争有关的研究工作，从而为国家奉献自己的一点力量。因此，她去了英国煤炭应用研究会，进行煤和石墨特性方面的研究工作。富兰克林的研究内容主要包括煤在加热时的结构变化；无规则碳转变为石墨的机理；碳和石墨的显微结构等。经过努力工作，特别是凭借她的聪明智慧，富兰克林在这些方面都取得了巨大的进展。同时富兰克林还以炭的孔状结构为题完成了论文，使她在 1945 年拿到了剑桥大学的物理化学博士学位。到 1947 年富兰克林共发表了 5 篇重要的论文，虽然数目不是太多，但是富兰克林的这些研究成果开创了高强度碳纤维这个新的研究领域，并且具有巨大的应用价值，直到今天在核电站中所使用的特殊石墨碳棒就应用了她的研究成果，特别是她的部分开拓性论文至今还在被该领域的研究人员引用，说明了她的研究成果的重要意义。如果算上富兰克林随后用 X 射线衍射技术所做的一些与碳相关的研究工作和发表的 10 余篇研究论文，那么她所取得的关于碳元素的一些研究成果使物理化学家们改变了对煤及其相关物质显微结构的看法。

1947 年，富兰克林为了自己能在实验技术方面有一定的提高而离开英国到了法国巴黎，在那里的中央政府化学实验室进行工作。实验室的负责人是雅克·梅林，他在使用 X 射线研究无序晶体方面是公认的专家，具有很高的学术造诣，而用 X 射线衍射方法来研究物质结构是当时比较有效的方法，因此富兰克林的这个选择使她日后能够成为 X 射线晶体学方面的专家，并且用这种方法来阐明

DNA 结构是非常有益的。

富兰克林在实验室同行的帮助下，凭着自己的勤奋和天赋，进步得非常快速，在初步掌握了实验方法后，她还把这种新的实验方法应用到自己原来的研究领域。富兰克林用 X 射线衍射方法研究碳纤维在加热过程中转变成石墨时发生的结构变化情况，取得了原来实验方法无法比拟的效果，同时大大加快了这个领域的研究进程，从而也改观了对碳显微结构的看法。在掌握了实验技术的同时，富兰克林还充分体现了自己在实验方面的天赋，她非常善于做一些比较精妙的实验，而且所得到的结果都是那样的完美，可以这样说，她就像一个艺术家一样在进行着科学研究。在法国的这段时间，富兰克林在应用 X 射线衍射技术来研究像煤这样的不完美晶体方面变得非常精通，在当时已经成为用 X 射线解决有机物构造的专家，同时她精湛的技术赢得了同行的赞誉，也为自己下一步加入到 DNA 的研究行列奠定了良好的基础。

富兰克林在法国的 3 年，一直生活在一个友好的气氛中，与同事之间的相处关系比较融洽，同时也逐渐地接受了法国浪漫式的生活方式，因此可以说，富兰克林在工作和为人处事方面都得心应手，已经非常喜欢自己所处的工作环境。但是 1951 年富兰克林的一个决定却打断了这种相对平静的生活，同时也改变了她的命运。

富兰克林当时打算更换一下工作，而伦敦国王学院的约翰·兰德尔也正在寻找一位 X 射线方面的专家来从事生物学方面的研究工作，最后他们通过其他人取得了联系，并且还达成了意向。此后不久富兰克林就被聘为伦敦国王学院的研究员，加入到用 X 射线衍射技术来研究 DNA 的结构当中。同时富兰克林的这次工作变动使她的科学研究生涯中有了对生物学产生深远影响和贡献的机缘，也是她的职业生涯中一段重要的经历。真的是时势造英雄，历史的选择将富兰克林推到了事业的巅峰，可以说今天大家谈及富兰克林时，议论最多的就是研究核酸这段历史。

四、研究核酸

首先将当时的历史情况描述一下，美国微生物学家艾弗里和他的同事麦克劳德、麦卡锡在 1944 年用肺炎链球菌转化实验首次证明了 DNA 为遗传物质，引起了许多科学家的重视，特别是从 1950 年之后，掀起了研究 DNA 的一个高潮。

美国生化学家查格夫从 1950 年对 DNA 的碱基组成进行了更加精密的实验，得到了查格夫规则，即腺嘌呤（简写为 A）和胸腺嘧啶（简写为 T），鸟嘌呤（简写为 G）和胞嘧啶（简写为 C）的含量分别相等。这个结果为 DNA 双螺旋结构中的碱基配对提供了实验基础。

而另一个研究小组就是伦敦国王学院的兰德尔和威尔金斯小组，他们应用 X 射线衍射来研究 DNA 的结构。

用 X 射线衍射的方法来研究 DNA 是由英国物理化学家阿斯特伯里开创的。他在 1938 年就得到 DNA 的 X 射线衍射照片，并且初步得出结论：DNA 具有周期性，周期值为 3.3Å（这一数值与碱基平面距离 3.4Å 非常接近）。这是研究 DNA 结构的第一步，虽然所得结果非常有限，可是阿斯特伯里的开创性工作为阐明 DNA 结构开辟了道路。用这种方法来系统研究 DNA 结构一直持续到 1950 年的威尔金斯。

威尔金斯是一位物理化学家，当时在伦敦国王学院进行烟草花叶病毒和核酸中碱基变化的研究。1950 年，威尔金斯在一次学术会议上得到了一些 DNA，随即将它们送给了戈斯林（他是兰德尔的一个研究生），而戈斯林几乎是立刻得到了 DNA 的 X 射线衍射照片。威尔金斯一开始就获得令人非常鼓舞的结果，因此决定开始 DNA 的结构研究。威尔金斯从照片中推论 DNA 为螺旋结构，同时估算了螺旋直径。可以说，这在 DNA 结构的研究方面迈出了一大步。但是距离问题的解决还很遥远，而且威尔金斯一直认为 DNA 是单股螺旋。

兰德尔也被这个进展所吸引，为了进一步研究 DNA 的结构，同时也为了加强研究小组的力量，他邀请富兰克林前来伦敦国王学院共同从事研究。尽管兰德尔的初衷是加强研究力量，但是这个安排并未取得预期的效果，反而为以后的人事纷争种下了根苗。因为威尔金斯和戈斯林已经开始了这方面的研究，因此威尔金斯认为富兰克林是来帮助他解决问题的。而富兰克林在 X 射线衍射学方面经验丰富，可以独立应用该技术进行 DNA 方面的研究工作，因此认为这个问题应该由她全权负责。

更不幸的是，当富兰克林于 1951 年底到达伦敦国王学院的时候，兰德尔恰巧离开，而她只能自己来处理这件棘手的事情了。她原本打算由她自己主导进行这方面的工作，威尔金斯协助她来完成，但是威尔金斯没有接受这个建议，最后他们不得不分成了两个研究小组，同时这件事也使他们之间的关系非常坏，他们几乎互不理睬，就更谈不上科学合作了，他们之间的不和睦也造成了富兰克林的悲剧。

富兰克林到达伦敦国王学院后，按照兰德尔当初的建议与戈斯林一起开始对DNA进行系统的研究。富兰克林应用自己在法国所学到的技术，同时改良了原来的仪器，使实验有了较大的进展。富兰克林首先把DNA制成更为细小的纤维，然后再使这些纤维形成纤维束，并用较好的X射线束来研究这些纤维束，特别值得提及的是他们还观察了DNA样品在相对湿度在70%—90%之间这个变化范围内的衍射照片。凭着娴熟的技术和改进的方法，富兰克林和戈斯林很快就发现DNA存在两种形式：A型和B型。A型含水较少，因此容易形成晶体，也就容易得到质量较好的X射线衍射图像，但它不能反映DNA的真实结构（威尔金斯当初得到的结果就是A型）；相对而言，B型含水较多，在一定程度上可以反映DNA的真实结构，但也较难得到理想的照片，但是初步结果显示它较A型简单且规则。这两种形式没有较为严格的区分，只是含水不同时表现不同，如果含水适量时，两种形式会混在一起同时存在。富兰克林的一个重要贡献在于她得到了B型DNA的X射线衍射图像，而她后来的研究主要是这种形式的DNA。在今天看来，B型DNA更接近DNA的实际状态，沃森和克里克在1953年提出的双螺旋模型也是B型DNA的模型。

富兰克林对所得到的照片和数据进行了科学的分析，由此初步得出，B型DNA应该是一种螺旋型结构，当时她认为可能是两条或三条长链的缠绕（相对于威尔金斯单螺旋）。此外 DNA 非常容易吸水和脱水，而水分子主要被吸引在 DNA 链中的磷酸基周围，富兰克林根据这些特征推测磷酸基团应该位于 DNA 链外面，而碱基则相反，它位于 DNA 链的内部（这是第一次提出这种模型），这种结构与 DNA 的酸碱滴定结果也完全相符。可以说，这为最终阐明 DNA 的结构迈出了至关重要的一步。

1951 年 11 月，富兰克林在一次有关 DNA 结构的报告中将其最新得到的 DNA 的 A 和 B 两种类型的照片和数据提供给了听众，在这些听众中就包括沃森和克里克。

沃森是在剑桥大学做博士后的一名美国学生。当时，23 岁的他已经在芝加哥大学取得了动物学的学士学位而后在印第安纳大学取得了博士学位。他对遗传学产生了兴趣，于是就在卢里亚的实验室进行噬菌体方面的研究，不久他就争取到一份奖学金，去了丹麦进行博士后的工作，继续进行病毒的研究，此外这段时间沃森还弥补了化学知识方面的不足。1951 年 5 月在意大利那不勒斯的一次会议上，沃森听到了威尔金斯谈到 DNA 的分子结构，并且看到了 DNA 的 X 射线晶体照片，于是他就决定终止在丹麦的博士后工作，去剑桥大学卡文迪许实验室进行研究 DNA 的工作，这个决定今天看来对 DNA 双螺旋模型的建立可以说有着重要的意义。他在卡文迪许实验室遇上了克里克。

克里克是一名物理化学家，主要从事蛋白质结构方面的工作，但是他和沃森的相遇改变了他的研究方向，于是两个年轻人就一起开始了 DNA 结构的研究。那是二战之后的英国，经济状况较差，因此科学经费的使用非常严格，由于兰德尔实验室已经进行 DNA 方面的研究工作，因此他们得不到研究支持，不过他们并没有放弃，而是用有限的信息来构建各种模型，以期最终解决这个问题。沃森和克里克比较喜欢用模型的方法来建立 DNA 的结构，因此两个人听完富兰克林的报告后，立刻就建造了他们的第一个 DNA 结构模型：碱基在外的三螺旋模型，但是这个模型当时就遭到了富兰克林的批评。他们并不气馁，依旧继续他们的模型设计，但大多是建立在假说的阶段，是不成熟的。

1952 年 5 月，富兰克林第一次得到 B 型 DNA 较好的衍射照片并进行了更为详细的分析。富兰克林先从衍射图像中的点及点的密集程度出发，并考虑衍射点的分布特点，经数学变换，将衍射图像诠释为分子中的各种化学键的键长、键角等结构要素，所得结果更加可靠，特别是运用帕特林重叠法证明了磷酸基团必定是在 DNA 分子的外部，并且更加确定地得出 DNA 是双螺旋，且为反向。这是富兰克林第二次得出的 DNA 模型，这个模型可以说较为完美了，但富兰克林是一个严谨的科学家，她并没有立刻宣布自己的结果，而是继续进行研究以提供更加充分的证据来证明自己的论断。由于她的研究一直处于某种程度的孤立状态，一方面是她的实验环境，另一方面是她也缺少与其他科学家的沟通，从而使她的工作最终功亏一篑，没有到达最后的巅峰。

与此同时，克里克收到了美国的病毒学家赫尔希的一封信，在信中赫尔希介绍了自己和同事所做的 T2 噬菌体侵染实验，明确证明了 DNA 是遗传物质。这封来信增加了克里克的紧迫感，也加速了他和沃森研究 DNA 的步伐。

1952 年底，富兰克林又得到了 B 型 DNA 可以说非常完美的衍射照片，由照片初步得出了 DNA 的轮廓，如 DNA 为双螺旋，两条链向两个相反方向伸展，磷酸排列在链的外侧，碱基排列在内侧，并具有 3.4Å 的间距，螺旋的直径为 20Å。并且准备了一篇报告，提交给了兰德尔，后来克里克也得到了这份报告。可以说，富兰克林得到的结果已经非常完善了，她离最终解决 DNA 仅一步之遥，这次也是最好的一次机会可以让她首先取得成功，但不幸的是她却错过了这次宝贵的机会。

1953 年 1 月 30 日，富兰克林仍在继续进行她的 DNA 晶体衍射工作的时候，威尔金斯却偷偷将她得到的 B 型 DNA 的 X 射线衍射照片提供给了沃森，沃森和克里克立刻意识到它的重要意义，在结合美国化学家鲍林（美国著名理论化学家，他由于在化学键方面的贡献而获得了 1953 年诺贝尔化学奖）研究的启示、查格夫规则及其他方面的一些证据的情况下，他们最终得出了 DNA 的双螺旋模型，并迅速将结果发表在 1953 年 4 月 25 日的《自然》杂志上[1]。沃森和克里克的 DNA 的双螺旋模型简单地说就是富兰克林的模型加上碱基配对原理，但毕竟是两人率先提出的。

富兰克林在 1952 年底就确定的 DNA 双螺旋的一些基本特征，且结合后来的实验数据更加确定了她的猜想，她在 1953 年 3 月 17

1　关于发现 DNA 的过程更为详细的了解，请阅读《双螺旋：发现 DNA 结构的故事》和《DNA 世纪之回顾——遗传物质构造及机能的研究发展史》。

日将研究结果整理成文，但就在准备发表时，发现沃森和克里克破解 DNA 结构的消息已经出现在新闻简报中了，于是只能将论文做了一下适当修改，也将论文提交给《自然》杂志并在 4 月 25 日那期上发表。虽然她和戈斯林的论文和沃森、克里克的论文同时发表，但是现在仅仅被作为 DNA 双螺旋的一个证据而已，而双螺旋的真正发现者就属于了沃森和克里克。就这样富兰克林在这场竞争中以失败而告终，DNA 的双螺旋结构模型的发现权就与她擦肩而过了。

五、转向病毒

由于和威尔金斯的矛盾，富兰克林在 1953 年那篇重要的论文没有发表之前就离开伦敦国王学院而去了伦敦大学的另一个学院伯贝克学院，在那里她虽然继续进行了 DNA 方面的一些研究，但可能在伦敦国王学院受到的伤害太重，也考虑到新的工作环境的实际情况，富兰克林的研究重点慢慢转移到了病毒方面。在伯贝克学院，她在著名的晶体学家伯纳尔的研究室进行工作，伯纳尔的主要研究领域是利用物理方法来研究生物大分子特别是蛋白质的结构，并且和阿斯特伯里一样，也是该领域的一位先驱性人物。在伯纳尔的实验室，富兰克林找到了一位新的合作伙伴——克卢格开始了蛋白质的结构研究，重点在于烟草花叶病毒的结构和组装机制。富兰克林和克卢格凭借着娴熟的实验技能和刻苦的工作精神，在该领域取得了一系列重要的进展（克卢格由于这些工作及以后的相关成果而获得了 1983 年的诺贝尔化学奖），富兰克林又迅速成为了病毒领域研究的专家。富兰克林除进行烟草花叶病毒方面的研究外，还对其他病毒如脊髓灰质炎等病毒进行了一定的研究，并且取得了成功。富兰克林在伯贝克学院的成功进一步说明她是一位伟大的科学家，不管是什么工作，她总能做得非常成功，特别是她在实验结果方面，可以说每次所得到的物质结构照片都是极其的漂亮，伯纳尔在为富兰克林所做的讣告中将她描述为“在工业物理化学领域公认的权威……作为一个科学家，富兰克林小姐由于在她所从事的每一件工作中都能做到极端清晰和完美而著名……”。

在伯贝克学院工作期间，富兰克林共发表了关于病毒方面的重要论文 17 篇，其中 4 篇发表在英国著名的《自然》杂志上，为结构病毒学奠定了坚实的基础，特别值得提出的是富兰克林第一次确定了核糖核酸和蛋白（病毒外壳蛋白）在组装过程中的相互关系。可以这样认为，富兰克林在这短短的 5 年间（如果考虑到生病的原因，还不足 5 年），在蛋白质结构领域又取得了突出的成就。

富兰克林的个人生活一直都风平浪静，与她对放射线的“胆大妄为”相比，她对异性的态度却出奇地冷淡。然而，在 1955 年当加利福尼亚理工学院的一位年轻研究员——卡斯帕到她的实验室参观时，却打破了她一如既往的生活。他们开始变得亲密起来，卡斯帕很可能是富兰克林第一次明确恋爱关系的对象。但是，命运似乎总是对富兰克林缺少一些眷顾，她唯一的一次恋爱也由于她随后疾病的原因而终结了。

六、不幸早逝

虽然伯贝克学院可以让富兰克林暂时忘却了DNA研究中的不快，并且在新的研究领域也取得了巨大的成功，但是又一件不幸的事情降临到了富兰克林的头上。可能由于富兰克林过于投入工作，并且在工作中经常使用放射线，一方面是她不注意自己的防护，另一方面是当时的实验条件的原因，在1956年夏天富兰克林在一次做实验的过程中，突然感到身体非常不适，随即被送进了医院。结果对富兰克林是一个巨大的打击，她被诊断得了卵巢癌，而且已到了晚期。但是即使在这种情况下，富兰克林仍然没有放弃她所热爱的研究工作，她一直工作到病情恶化到让她实在无法继续工作时，才不得不停止了自己的实验。

1958年4月16日，富兰克林的疾病严重恶化，不幸去世，年仅37岁。显然富兰克林的早逝使她已没有机会得到应得的荣誉和尊敬了（指1962年的诺贝尔生理学或医学奖）。

富兰克林终身未婚，把全部的精力献给了科学事业。在短短的一生中，从1941年毕业开始算起，仅17年的科研时间，她在3个领域——煤的物理化学、DNA的晶体结构和病毒蛋白结构均取得了卓越的贡献，特别是在后两个领域中，富兰克林都有资格荣登科学界的最高荣誉——诺贝尔奖的领奖台，而遗憾的是她的英年早逝已经使她不可能得到那些原本应该得到的荣誉了。就富兰克林而言，她献身科学决不仅仅是为了荣誉，而且因为她热爱科学，喜欢探索未知的世界，即使受到不公正的待遇时，她也没有太多地怨天尤人，而是继续进行自己的科学研究，以揭示更多的自然奥秘。其实富兰克林短暂的一生几乎就没有得到多么重大的荣誉，但是她仍然无怨无悔。对富兰克林来说，只要她做出了选择，就值得她为之付出，哪怕是生命。富兰克林留给我们的不仅仅是科学知识本身，更重要的是献身科学的精神。她虽然没有获得诺贝尔奖，但是就她对科学的贡献而言，已经称得上是一位伟大的科学家了。正如爱因斯坦评价居里夫人一样："领袖人物正直的道德品质对于当代和历史进程来说，也许比单纯的智力成就具有更大的意义。即使后者，它们取决于伟大的品格，也远远超出了人们通常认为的那样。"虽然富兰克林在某些方面无法和居里夫人相媲美，但是对她本身而言，并没有太看重那些荣誉，这些优良品质使她也可以称为 20 世纪科学界伟大的女性了。

七、身后评价

DNA 双螺旋的发现者之一沃森，在他的著作《双螺旋：发现 DNA 结构的故事》前半部分中，虽然对富兰克林有过不公正的评价，称其为"罗西"，但在书的后半部分还是对富兰克林给予了较高的评价："不过遗憾的是，罗莎琳德·富兰克林已于 1958 年中年夭折，时年 37 岁。鉴于我曾对她的学术和个人品德方面有过错误的评价（如本书的前半部记述的那样），所以现在有必要阐述一下她所取得的成就。她在金氏学院实验室所从事的 X 射线的研究工作越来越被认为是杰出的。区别 DNA 的 A 型和 B 型结构，这项工作本身就足以使她赢得声誉。更为出色的是，她在 1952 年就曾运用帕特林重叠法证明磷酸基团必定是在 DNA 分子的外部。其后，她转到伯纳尔实验室，着手于烟草花叶病毒的研究。她的工作使我们关于 TMV 螺旋结构的定性概念很快发展成一幅精确的定量图谱，从而确定了基本的螺旋参数，证实了核糖核酸链处于从中心轴到外周的中间位置上。”书中还对她献身科学的精神进行了高度的评价：“我与克里克都极为赞赏她那正直的品格和宽宏大量的秉性。只是在多年之后，我们才逐渐理解了这位才华横溢的女士。她为了取得科学界的承认进行了长期的奋斗，而这个世界往往把妇女仅仅看作是研究工作之余的一种消遣玩物。在她意识到自己的生命垂危时，她没有叹息和抱怨。直到去世前的那几个星期，她还在不遗余力地从事着高水平的工作。富兰克林这种勇敢的精神和高贵的品质是值得我们学习的。”

克卢格在《自然》杂志上发表的 2 篇文章中，曾报道过富兰克林取得的巨大成就，并惋惜地说：“她离发现 DNA 的结构已经非常接近了。”

最有意思的是在富兰克林度过了 2 年最不愉快的职业生涯的伦敦国王学院建造了一座名为富兰克林—威尔金斯的大楼以纪念她和她的同事威尔金斯。

2002 年 1 月 20 日，英国《观察家报》上提到帕特里夏 · 休伊特设立了富兰克林奖，每年的奖金 30000 英镑，以奖励做出显著科学贡献的女科学家。

2002 年，Brenda Maddox 出版了富兰克林的传记《罗莎琳德 · 富兰克林》，对富兰克林的一生及其贡献进行了全面的描写，以使大家对这位女科学家有一个正确的认识。

总的来说，科学界对富兰克林的认识还是远远不够的，对她在DNA发现过程中的作用也了解不多。生物化学的经典教科书——沈同教授等编著的《生物化学》中对DNA发现的描述，仅提及威尔金斯提供了DNA的X射线衍射照片，而未提到富兰克林。而在另一个重要教材《分子遗传学》中，提及沃森和克里克发现双螺旋时，也未说到富兰克林的X射线衍射照片。从而说明富兰克林的真正贡献还没有被完全认识。

八、关于富兰克林和诺贝尔奖

关于富兰克林应该获得的荣誉的争论仍在继续，特别是富兰克林一直被作为诺贝尔奖歧视女科学家的一个例证而被广泛地提及。主要原因可能源于富兰克林的好友赛伊尔所写的《富兰克林和DNA》一本书，在书中赛伊尔对富兰克林的遭遇进行了描述，但是部分内容是失真的，过于强调周围环境的因素，而对富兰克林的个人因素没有仔细地剖析。但事实如何呢？不可否认富兰克林是一流的科学家，并且在DNA结构的阐明上起着非常重要的作用，她得到的DNA的X射线衍射照片，如伯纳尔评价的那样“相对于已经获得的任何物质的X射线照片来说，它是最漂亮的”。而且也就是沃森看到她的X射线衍射图之后才最终得出DNA正确结构的。但是富兰克林的最终失败首先不能怪罪诺贝尔评奖委员会，因为她于1958年去世使得她已经没有了获得诺贝尔奖的资格，而且从DNA双螺旋发现到1962年颁奖也仅9年时间，也不存在故意拖延时间的借口。特别是英国另一位女晶体结构学家霍奇金就获得了 1964 年的诺贝尔化学奖，更加说明诺贝尔奖相对来说还是公正的。而且对女性科学家的歧视其实不能仅怪罪于诺贝尔奖，而应该是整个科学界，1903 年居里夫人就获得了这项荣誉，而且是第一位获此荣誉的科学家，但是在居里夫人去世前都未成为法兰西科学院院士。另外，即使富兰克林 1962 年与沃森和克里克分享了这个荣誉，是否就意味着成功呢？其实事实也不会那样，大家提到双螺旋，首先想到的就是沃森和克里克，而很少提到威尔金斯，即使富兰克林获奖，可能也和威尔金斯的处境相似，说明最终双螺旋的成功者只有两位，那就是沃森和克里克。正如威尔金斯在谈到这个问题以及他和富兰克林的关系时所说："如果你把这件事情看作是一项比赛，那么刚一开始，我们就输了，因为我们未能一起工作。"严格地说，富兰克林是一位优秀的实验型科学家，她所得到的结果都是相当的完美，但是从这场竞争中的最终失败可以看出她的一些缺点，首先她对 DNA 的重要性认识不够，因此在对待 DNA 的态度上远远没有沃森和克里克紧迫，在手中已经拥有较完美的 B 型 DNA 图片，却迟迟不去发表结果（虽然本着科学的作风，但是科学界仅承认第一人），最终错过了发现 DNA 的优先权。其次富兰克林也缺乏和其他相关领域科学家的交流，只是在进行 DNA 晶体方面的工作，对于 DNA 的其他相关知识了解较少，她所得到的 DNA 结构模型也仅仅是双螺旋，而并未包含碱基配对，而这一条恰恰是 DNA 作为遗传物质的真正体现，因此即使富兰克林真的首先提出双螺旋，但是沃森和克里克的碱基配对思想对双螺旋也是必不可少的。此外她对沃森和克里克的双螺旋模型并非完全接受，如她在 1953 年出版的《晶体学报》中写到“分歧使我们在细节上难以达成共识”。所以，这一切都使富兰克林没有成为发现 DNA 双螺旋的真正英雄。

九、结束语

纵观富兰克林短暂的一生，可以这样说，她是一位卓越的实验大师，在 X 射线晶体学方面做出了里程碑式的贡献，但是她在理论方面和性格方面存在一定的不足，最终导致了在 DNA 双螺旋结构的阐明中没有取得最终的胜利。今天对 DNA 的深入研究更加突显出它的重要性，特别是人类基因组计划的实施，使 DNA 双螺旋已经成为了一个时代的象征，因此了解它的发现过程是非常有意义的，关于 DNA 的发现已有许多文章进行了阐述，因此本文以富兰克林的生平为主线，也从侧面了解 DNA 双螺旋结构发现这段不同寻常的历史，目的在于让大家知道 DNA 双螺旋的提出者除沃森和克里克外，还有一位贡献者——富兰克林，从而使大家对这位 20 世纪伟大的女性科学家有一个较为全面的认识和了解。

无论如何，富兰克林是值得世人怀念的，她在 DNA 双螺旋结构发现过程中的贡献是任何人都无法抹杀的，写这篇小文以缅怀这位过早凋谢的科学之花。

（作者：郭晓强　郭振清）

参考资料

希帕蒂亚　人类历史上最早的女科学家

[1] M. Alic. Hypatia's Heritage [M]. The Women's Press, 1980.

[2] I. Mueller. Hypatia, Women of Mathematics [M]. Greenwood Press, 1987.

[3] E. E. Kramer. Dictionary of Scientific Biography, Vol. 6 [M]. Charles Scribner's Sons, 1972.

[4] T. L. Heath. History of Greek Mathematics, Vol. Ⅱ [M]. Oxford at the Clarendon Press, 1921.

[5] L. M. Osen. Women in Mathematics [M]. The MIT Press, 1974.

[6] 吴文俊. 世界著名科学家传记・数学家Ⅴ [M]. 北京:科学出版社, 1994.

阿涅西　近代第一位真正的女数学家

[1] 张世华. 意大利文艺复兴研究 [M]. 上海:上海外语教育出版社, 2003.

[2] Lynn M. Osen. Women in Mathematics [M]. The MIT Press, 1992.

[3] C. Truesdell, Maria Gaetana Agnesi [J]. Archive for History of Exact Sciences, 1989.

[4] Massimo Mazzotti. Maria Gaetana Agnesi, Mathematics and the Making of the Catholic Enlightment [J]. Isis, 1992.

[5] G. J. Tee. The Pioneering Women Mathematicians [J]. The Mathematical Intelligencer, 1983.

[6] 梁宗巨. 数学家传略辞典 [M]. 济南:山东教育出版社, 1989.

[7] 刘荫岛. 外国女名人小辞典 [M]. 北京:知识出版社, 1990.

[8]莫里斯·克莱因. 古今数学思想[M]. 朱学贤等,译. 上海:上海科学技术出版社,2002.

[9]徐品方. 女数学家传奇[M]. 北京:科学出版社,2005.

[10] Hubert C. Kennedy. The Witch of Agnesi-exorcised[J]. Mathematics Teacher, 1969.

热尔曼　法国科学史上的杰出女性

[1]M. W. Gray. Women of Mathematics[M]. Greenwood Press, 1987.

[2]L. M. Osen. Women in Mathematics[M]. The MIT Press, 1974.

[3]E. E. Kramer. Dictionary of Scientific Biography, Vol. 5 [M]. Charles Scribner's Sons, 1972.

[4]西蒙·辛格. 费马大定理——一个困惑了世间智者358年的谜 [M]. 薛密,译. 上海:上海译文出版社,1998.

[5]陈竹如.世界著名科学家传记·数学家Ⅵ[M]. 北京:科学出版社,1994.

[6] L. E. Dickson. History of the Theory of Numbers [M]. Dover Publications, 1950.

埃尔顿　杰出的英国女科学家

[1]陆伟芳. 英国妇女选举权运动[M]. 北京:中国社会科学出版社,2004.

[2]伊丽莎白·里德姆·格林. 剑桥大学简史[M]. 李自修,译. 济南:山东画报出版社,2007.

[3] E. Sharp, HerthaAyrton, 1854—1923, a memoir [M]. Edward Arnold&Co., 1926.

[4] J. Mason, HerthaAyrton (1854—1923) and the Admission of Women to the Royal Society of London[J]. Note Rec R Soc Lond, 1991.

[5] J. J., Tattersall, S. L., McMurran, Hertha Ayrton: A Persistent Experimenter [J]. Journal of Women's History, 1995.

[6] A. P. Trotter, MrsAyrton's Work on the Electric Arc [J]. Nature, 1924.

[7] H. Ayrton, The Mechanism of the Electric Arc [J]. Proceedings of the Royal Society of London Series A, 1902.

[8] H. Ayrton, The Origin and Growth of Ripple-Mark [J]. Proceedings of the Royal Society of London, 1904.

[9] H. Ayrton, The Origin and Growth of Ripple-Mark [J]. Proceedings of the Royal Society of London Series A, 1910.

[10] H. Ayrton, On the Non-Periodic or Residual Motion of Water Moving in Stationary Waves [J]. Proceedings of the Royal Society of London Series A, 1908.

哈密尔顿　美国职业卫生之母

[1] M. P. Guillemin. Occupational Hygiene Education and Status: Global Trends and A Global Future [J]. Ann. Occup. Hyg, 2006.

[2] E. Bendiner. Alice Hamilton's War on Occupational Disease [J]. Hospital Practice, 1995.

[3] V. J. McCoy, Alice Hamilton: The Making of a Feminist-Pragmatist Rhetor [D]. Atlanta: Georgia State University, 2006.

[4] W. T. Moye, BLS and Alice Hamilton: Pioneers in Industrial Health [J]. Monthly Labor Review, 1986.

[5] D. F., Salerno, I. L., Feitshans, Alice Hamilton, MD: Gaining Visibility for Industrial Medicine [J]. Journal of Epidemiology & Community Health, 2003.

[6] J. W. Ward, C. Warren, Silent Victorise: The History and Practice of Public Health in Twentieth-Century America [M]. Oxford University Press, Inc., 2007.

[7] G. Markowitz, D. Rosner, Deceit and Denial: The Deadly Politics of Industrial Pollution[M]. University of California Press, 2002.

[8] L. N. Magner, A History of Medicine (Second Edition)[M]. Taylor & Francis Group, 2005.

[9] S. L. Baron, Alice Hamilton (1869—1970): Mother of US Occupational Medicine [J]. American Journal of Public Health, 2009.

迈特纳　核科学中的杰出女先驱

[1] M. F. Rayner-Canham and G. W. Rayner-Canham. Pioneer Women in Nuclear Science[J]. Amer. J. Phys., 1990.

[2] E. Crawford et. al. The Nobel Population 1901—1937 [M]. The Regents of Univ. of California, 1987.

[3] Otto Robert Frisch. Lise Meitner 1878—1968 [J]. Biogr. M. of F. R. S., 1970.

[4] R. L. Sime.Lise Meitner's Escape from Germany [J]. Amer. J. Phys., 1990.

[5] R. H. Stuewer. Bringing The News of Fission to America [J]. Physics Today, 1985.

[6] 胡济民，许良英，汪容，范岱年. 王淦昌和他的科学贡献[M]. 北京：科学出版社，1987.

[7] 戈革. W. 海森伯的学术和人品[J]. 自然辩证法通讯，1990 (01) .

罗宾逊　数学界的杰出女性

[1] 胡作玄. 数学与社会[M]. 长沙：湖南教育出版社，1991.

[2] 李美霞，余美荣. 当代杰出的女数学家——朱・罗宾逊[J]. 百科知识，1987.

[3] 梁宗巨. 数学家传略辞典[M]. 济南：山东教育出版社，1989.

[4] 张奠宙，马国选等. 现代数学家传略辞典[M]. 南京：江苏教育出版社，2001.

[5] 康斯坦丝 ·瑞德. 希尔伯特——数学世界的亚历山大[M]. 袁向东,李文林,译. 上海:上海科学技术出版社,2001.
[6] 胡久稔. 希尔伯特第十问题[M]. 沈阳:辽宁教育出版社,1987.
[7] C. Smorynski. Julia Robinson, In memoriam The Mathematical Inelligencer VOL. 8[M]. 1986.
[8] 西蒙 · 辛格. 费马大定理——一个困惑了世间智者358年的谜[M]. 薛密,译. 上海:上海译文出版社,1998.
[9] Yuri Matiyasevich. My Collaboration with Julia Robinson[M]. The Mathematical Intelligencer, 1992.

富兰克林 一位过早凋谢的科学之花

[1] R. E. Franklin, R. G. Gosling, Molecular configuration in sodium thymonucleate [J]. Nature, 1953.
[2] 蒲杜嘉,寇恩. DNA世纪之回顾——遗传物质构造及机能的研究发展史[M]. 孙克勤,译. 北京:世界图书出版公司重印,1989.
[3] J. D. 沃森. 双螺旋——发现DNA结构的故事[M]. 刘望夷等,译. 北京:科学出版社,1984.
[4] 沈同,王镜言. 生物化学(第二版)[M]. 北京:高等教育出版社,1990.
[5] 孙乃恩,孙东旭,朱德煦. 分子遗传学[M]. 南京:南京大学出版社,1990.
[6] 罗丹. 被遗忘的英格兰玫瑰——双螺旋结构发现背后的女英雄[J]. 国外科技动态,2003 (3) .

人名对照表

（按外文姓氏的首字母排序）

A

劳拉·简·亚当斯

——Laura Jane Addams

玛丽亚·加埃塔纳·阿涅西

——Maria Gaetana Agnesi

阿尔丁黑利

——Maria Angela Ardinghelli

阿斯特伯里

——William Thomas Astbury

艾弗里——Oswald Theodore Avery

赫莎·马克斯·埃尔顿

——Hertha Marks Ayrton

B

伯纳尔——J. D. Bernal

雅各布·伯努利——Jacob Bernoulli

约翰·伯努利——Johann Bernoulli

芭芭拉·博迪雄

——Barbara LeighSmith Bodichon

玻尔兹曼——L. Boltzmann

博罗梅奥——Clelia Borromeo

夏尔·博叙——Charles Bossut

博耶——Boyer

C

玛格丽特·卡文迪什

——Margaret Cavendish

查格夫——Erwin Chargaff

科尔森——John Colson

克里克——Francis Crick

休·卡明——Hugh Smith Cumming

皮埃尔·居里——Pierre Curie

D

达安特米——P. T. d'Antelmy

乔治·达尔文

——George Howard Darwin

马丁·戴维斯——Martine Davis

迪克森——L. E. Dickson

塞西尔·肯特·德林克

——Cecil Kent Drinker

E

戴维·埃兹尔——David Linn Edsall

F

西蒙·弗莱克斯纳——Simon Flexner

弗雷德里克·弗林——Frederick Bonner Flinn

弗朗索瓦·阿尔方斯·福雷尔——François-Alphonse Forel

罗莎琳德·埃尔希·富兰克林——Rosalind Elsie Franklin

弗里什——O. R. Frisch

弗里西——A. F. Frisi

G

伽莫夫——G. Gamow

高斯——C. F. Gauss

玛丽·索菲·热尔曼——Marie Sophie Germain

哥尔多尼——Carlo Goldoni

格兰迪——Guido Grandi

H

爱丽丝·哈密尔顿——Alice Hamilton

赫尔希——Alfred Hershey

戴维·希尔伯特——David Hilbert

霍奇金——Dorothy Hodgkin

威廉·哈金斯——William Huggins

希帕蒂亚——Hypatia

K

库默尔——E. E. Kummer

L

勒让德——A. M. Legendre

洛必达——Guillaume de L'Hospital

朗斯代尔——Kathleen Lonsdale

M

桑德斯·麦克莱恩——Saunders MacLane

麦克劳德——Colin MacLeod

哈里森·马特兰德——Harrison Stanford Martland

麦卡锡——Macyln McCarty

梅达利亚——Diamente Medaglia

丽丝·迈特纳——Lise Meitner

梅纳杰——Gilles Ménage

雅克·梅林——Jacques Méring

斯特凡·迈耶——Stefan Meyer

莫尔扎——Tarquina Molza

蒙日——G. Monge

蒙图克拉——J. E. Montucla

N

杰兹·内曼——Jerzy Neyman

O

托马斯·奥利弗爵士——Sir Thomas Oliver

奥尔特曼——W. Orthmann

P

克莱尔·卡梅伦·帕特森——Clair Cameron Patterson

泡利——W. Pauli

皮亚诺——Giuseppe Peano

皮斯科皮亚——Elena Cornaro Piscopia

波莱尼——Giovanni Poleni

泊松——S. D. Poisson

希拉里·普特南——Hilary Putnam

R

拉马齐尼——Bernardino Ramazzini

约翰·兰德尔——John Randall

雅格布·里卡蒂——Jacopo Riccati

朱丽亚·鲍曼·罗宾逊——Julia Bowman Robinson

拉斐尔·罗宾逊——Raphael Robinson

鲁本斯——H. Rubens

卢瑟福——E. Rutherford

S

安妮·萨耶尔——Anne Sayre

埃伦·盖茨·斯塔尔——Ellen Gates Starr

斯蒂芬森——Marjory Stephenson

斯特拉斯曼——F. Strassmann

约翰·威廉·斯特拉特——John William Strutt

西奈修斯——Synesius

T

阿尔弗雷德·塔斯基——Alfred Tarski

玛丽亚·特里萨——Maria Theresa

V

瓦利斯内里——Antonio Vallisnieri

维拉蒂——Laura Bassi Verati

W

沃森——James Watson

安德鲁・怀尔斯——Andrew Wiles

威尔金斯——Maurice Wilkins

沃丁厄姆

——Charles Henry Wordingham

Z

芝诺——Zeno